英语语音学与语调学教育研究

张 莉 ◎ 著

吉林出版集团股份有限公司

图书在版编目（CIP）数据

英语语音学与语调学教育研究 / 张莉著. -- 长春：吉林出版集团股份有限公司，2022.9
ISBN 978-7-5731-1971-1

Ⅰ．①英… Ⅱ．①张… Ⅲ．①英语—语音—教学研究 ②英语—语调—教学研究 Ⅳ．①H311

中国版本图书馆CIP数据核字（2022）第157246号

英语语音学与语调学教育研究

著　　者	张　莉
责任编辑	王　平
封面设计	林　吉
开　　本	787mm×1092mm　　1/16
字　　数	220千
印　　张	10
版　　次	2022年9月第1版
印　　次	2022年9月第1次印刷
出版发行	吉林出版集团股份有限公司
电　　话	总编办：010-63109269
	发行部：010-63109269
印　　刷	北京宝莲鸿图科技有限公司

ISBN 978-7-5731-1971-1　　　　　　　　　　　　　　定价：68.00元

版权所有　侵权必究

前　言

　　如今全球一体化的趋势越发明显，英语作为一种国际通用语言，在此之前很多人都对它进行了研究。这时英语语言学应运而生，它对英语学习内容以及变化进行了全面概括。语音是英语语言学的重要组成部分之一，对语音的发展历程、变化历程、应用价值等进行深入研究对其发展具有重大意义。本书从英语学习方面出发，着重探讨英语语言学语音的变化历程及其价值。语调即说话的腔调，就是一句话里声调的高低、轻重和变化。语调掌握的好坏，不仅涉及说话者的语义表达，还会影响情感意义的体现。任何一种语言都有语调，不同的语调会产生不同的表达效果。人们通过不同的语调来表达自己的不同态度、隐含意义，以及丰富的感情色彩等。

　　英语教学在早期一直是以语法为中心的，在我国，也是因为应试教育使得英语教学一直围绕书本，以语法为中心，以记单词为基础来进行的，这样的教学方式影响了学生的实际语言运用能力。不过随着英语语音教学的研究发展，我国英语语音教学也从传统的语音基础知识的学习，语音的模仿、对比向现在的语音训练的多样化发展。

　　语言是人类交际最重要的工具，而语调是口语表达思想感情的重要手段。人们表达思想，通常不是以单词为单位，也不是以音色为单位，而是以语句为单位。发音包括三个主要方面，即音素、语调和节奏。因此，在说话或朗读时要能正确表达思想，除音素要正确、节奏要自然之外，还要注意恰当的语调，因为它能表示说话者不同的态度、各种细致的感情以及某些含蓄的意义。

　　根据核心调的性质和特点，可以把英语语调和语调群进行分类。末尾声调下降的语调称为下降语调，简称降调；尾声调上升的语调称为上升语调，简称升调。降调和升调是英语的基本语调。就语调群来说，包含上升核心调的就是升调语调群；包含下降核心调的就是降调语调群。降调表述的含义是：明确、肯定、结局、严肃、意志等特点；升调表述的含义同降调恰恰相反：延伸、试探、迟疑、委婉、不确切、无结果等特点。因此，一般情况下，陈述句、表示命令的祈使句、感叹句、特殊疑问句用降调。选择疑问句最终语调也是降调。一般疑问句、表示不肯定、疑惑、抱歉、不在乎等的陈述句、语气委婉或表示请求的祈使句用升调。反义疑问句可升可降：疑问成分大时，用升调；明知故问或有较大把握预计对方会给予肯定答复时，用降调。

目 录

第一章 英语语音学探究 ·· 1
    第一节 语音学概述 ·· 1
    第二节 元音与辅音 ·· 4
    第三节 语音组合 ·· 7
    第四节 超音段特征 ·· 10

第二章 英语语音学的发展 ·· 13
    第一节 英语语音学的研究现状 ·· 13
    第二节 英语语言学语音和词汇 ·· 15
    第三节 英语语言学语音的变化 ·· 18
    第四节 英语词汇语音象似性 ·· 21
    第五节 英语语音教学的智能工具 ·· 25
    第六节 心理语言学与英语语音教学 ·· 30

第三章 英语语音教学研究 ·· 34
    第一节 英语语音教学音位层面 ·· 34
    第二节 英语语音教学中的合作学习 ·· 39
    第三节 英汉异同与英语语音教学 ·· 40
    第四节 对分课堂与英语语音教学 ·· 42
    第五节 英语语音教学策略探究 ·· 46
    第六节 以成果为导向的英语语音教学 ·· 48
    第七节 英语语音学教学评价 ·· 52

第四章 英语词汇学 ·· 56
    第一节 词汇学概述 ·· 56

第二节　词的结构………………………………………………………… 59
　　第三节　英语构词法……………………………………………………… 68
　　第四节　英语新词的产生………………………………………………… 71

第五章　英语语调概述 …………………………………………………… 77
　　第一节　英语语调的特点和用途………………………………………… 77
　　第二节　英语语调的功能………………………………………………… 79
　　第三节　英语语调学习研究……………………………………………… 83
　　第四节　英语语调的语篇功能…………………………………………… 88
　　第五节　视点理论与英语语调…………………………………………… 94
　　第六节　汉语对英语语调的影响………………………………………… 99

第六章　英语语调创新研究 ……………………………………………… 102
　　第一节　英语音高与英语语调关系……………………………………… 102
　　第二节　英语语调的副语言特征………………………………………… 108
　　第三节　英语语调的会话含意…………………………………………… 114
　　第四节　英语语调与口语交际…………………………………………… 118
　　第五节　英语语调的语篇功能…………………………………………… 123

第七章　英语语调教学研究 ……………………………………………… 130
　　第一节　英语语调学习的困难及教学…………………………………… 130
　　第二节　中国学生的英语语调教学……………………………………… 132
　　第三节　功能视域下大学英语语调教学………………………………… 136
　　第四节　英汉语调对比与英语语调教学………………………………… 140
　　第五节　英语语调可视化教学研究……………………………………… 145
　　第六节　"英语语音"课程中的语调教学………………………………… 150

参考文献 ……………………………………………………………………… 153

第一章　英语语音学探究

第一节　语音学概述

一、语音学

语音具有自然属性、社会属性的双重属性，因此可以分别从这两个方面去对语音进行相对独立的研究。从自然属性出发，针对所有人类语言的语音研究，属于语音学研究；从社会属性出发，针对语音在某一个具体语言的系统中起什么作用的研究，属于音系学的研究。

虽然在约两千年前的印度就开始了对语音发音学的研究，在17世纪的欧洲把声音与物体的周期性振动联系起来的声学研究也已经起步，但以科学仪器为研究手段，明确以语音为研究对象的现代语音学及各个分支，却是19世纪中叶以后才发展起来的。首先，是在一百多年前建立了发音语音学，在X光等新手段的帮助下，从生理的角度大致弄清了语音是怎样发出来的。出现电子声学技术后，人们又抓住了传递中的音波，把它变为可视的图像，将语音的种种物理表现更准确地揭示了出来，并于20世纪40年代建立了声学语音学。50年代后，语音的研究开始向听觉的环节进军，研究人们怎样接收语音，语音传到大脑的过程以及大脑分析和感知语音的方式。如何弄清大脑处理语音的机制是听觉的研究中最复杂的，这是心理学研究的一个前沿领域。20世纪和21世纪之交，随着计算机科学、医学技术的迅猛发展，对语音的发音、声学、听觉三方面的研究都进入了图形化、数字化的信息采集和处理的新阶段，这些研究的分析大多要依靠计算机软件。比如，发音时口腔、声带的动态变化（发音）、听音时脑电波的动态采集（听觉）、声波各种参数的数字化处理（声学），等等。

语音学三个分支的研究都是自然科学和语言学的交界领域，都要大量利用实验的手段和现代科学的仪器。其中，语音的生理、物理这两个方面的研究，属于对语音自然属性的研究，听觉方面的研究则主要是对语音心理属性的研究。语音学有着极为广泛的研究范围，涉及方面也很多。那么，对于初学者来说，什么是最基本而实用的呢？

我们认为，对于初学者来说，发音原理是最基本而实用的。发音原理是学习和研究语言的人应该掌握的最重要的基础知识之一，如果不能熟练掌握这一重要的基础知识，在以后的学习中就会遇到诸多困难。日常生活中，我们常常需要对语音进行识别。例如只有先知道字的读音才能认字；学习普通话、方言、外语都需要先对语音进行识别。要掌握正确的发音，直接模仿别人，固然是一个办法，但是在模仿时，一定要有一个好的模仿对象，尤其要注意一些细微的地方，有时自以为模仿的是对的，实际上并不是那么回事。比方相声里有这么一个笑话，说上海人称洗头为"打头"。如果上海人听这个笑话，那么一定不认同这个说法，因为上海人说的是"汰头"而不是"打头"，"汰"伴有喉头的浊气流，而"打"没有浊气流，两者有很大差别。

我们常常听到一些同学说，发音原理既枯燥又难学。实际上，这是一种误解。如果你将掌握发音原理与深入研究一种语言或者学好一种外语的需要相结合，就会不再觉得枯燥。其实发音原理并不难学。我们的母语是人人都会说的，而我们的母语中包含好多在各种语言里都有的常用的音素，这对于我们掌握发音原理是十分有利的。在这个基础上，我们很容易体会到发音的道理，碰到陌生音，就可以从它和自己会发的音之间的差别来掌握它。这个练习本身就是饶有趣味的。我们每个人都有着相同的发音器官，可以通过自身体验去领会发音原理，并不难学。尽管这样，语音学内容多、术语多，还要涉及其他学科知识，仅仅是课堂上讲解一下、练习一两次，并不能完全掌握。

二、语音学与音系学的联系

音系学的知识也是十分重要的。由生理器官产生的物理声音只不过是语言用来表示意义的物质材料。各种语言使用的材料以及使用材料的方式，都是大不相同的。后面我们将会讲到，即使自然属性完全相同的声音，在不同的语言中也可能有完全不同的作用。如果没有音系学的知识，我们就无法了解一个语言中必须区别的音、不同的音的出现条件、它们的组合规律以及节律和语调的主要特点，自然就不能快速、高效地学好另一种语言或者方言。掌握语音在不同语言中的作用和组织方式，对于语言学习来说，其实更为重要。

音系学和语音学是具有各自独立研究领域又有交叉领域的两个学科。音系学与语音学相对独立音系学的出发点在于语音在语言系统中的组织方式，属于语言学的核心部分；语音学的出发点在于语音自身的自然属性或听觉反应，与语言学的核心部分是间接联系。音系学和语音学的研究彼此无法截然分开，音系学研究的是有自然属性的语音在语言系统中的作用，这自然需要先搞清楚语音的自然属性；语音学研究的是语言中的声音和发出语言时的肌体动作，而不是自然界的声音或与语言无关的肢体动作，这就必然要在研究中关注语音自然属性在语言系统中的作用。

三、语音的最小线性单位——音素

要对看不见、摸不着的语音现象做出说明、进行分析，确实难度很大。语音研究的最早一步，是把连续的语音流离散为小的单元，并用见诸纸面的书写符号来表示它们。只有这样，语音才有了可以进一步分析研究的基础。这一步，始于文字的发明。但不同文字离散出来的语音单元，有着不同的大小和记录语音的完备程度，因为发明文字并不仅仅是为了对语音进行记录和研究，它还要考虑语言中词义表达的需要。因此，语音研究还需要找到更适合自己的小单位记录符号。

最小的语音单位是从成串的话语中切分、归纳出来的。一般人自然而然地感觉到的自己语言里最小的语音单位是音节。比如表示"社会"这个意思的词,汉族人感到汉语里的 she hui 是两个音节,俄罗斯人感到俄语里的 обще ctbo 是三个音节。然而音节还不是线性音流的最小单位。我们可以用比较的方法来进行分析。例如汉语的"大"(da)和"杜"(du),开头的音都是 d,只是后面的音不同,一个是 a,一个是 u,a 和 u 不能再分下去,是两个最小的语音片段。从音流在时间维向上的线性切分来看,无论是发音还是听音,a、u 都不能再被切分为更小的单元。由此可见,它们都是语音最小的线性单元。以语音的自然属性和人类语音共性为研究对象的语音学,称它们为"音素"。我们平常在生活中听到的音节,都是这些最小线性单位按照一定结构规则组合而成的。

从语音的自然属性看,无论男女老少,都有自己的发音特点,正因为这样,我们接到熟人的电话,往往就能够听出这个人是谁。一个人反复发同一个音——a,每次张嘴的程度、舌头的前后、用劲的大小、延长的时间等都可能有细微的差别,因此每次发出来的 a 也不是完全一模一样的。深究起来,每个人每次发出的 a 都是不相同的,但是我们没有必要把不计其数的不同的 a 都看作不同的语音单位。因为绝大多数 a 的差别都是非常细微的,只有仪器才能显示出来;有的差别,即使人的听觉能够察觉,也可能因为差别很细微而不必区分开来。可见,对语音的最小单位进行确定时,是有过一番取舍的。语言是交际工具,在交际中只要大家认为是同一个音,就没有再往下区分的必要。例如,撇开长短、轻重、高低的差别,北京人认为许多 a 是同一个音。根据一个语言交际所需的必须区别而确定的语音小单元叫作"音位"。

但语言学家不仅要研究北京话,还要研究其他汉语方言和世界上的其他语言;即使是普通人,也希望学会多种语言或方言。基于这样的目的,就不能仅仅根据一种语言的交际需要来确定语音的小单元,还需要根据所有人类语言对语音小单元做更为精细的区分和归纳。随着社会经济的发展,全球各地的联系越来越紧密,确定适用于所有人类语言的语音小单位,在 19 世纪末提上了语言学研究的日程。语言学家研究了好多种语言的音以后,经过多次修改,目前国际语音学会把语音区分归纳为 120 多个基本的小单元和 30 多个附加特征,这些语音单元和特征足以将所有人类语言必须表达的语音对立都表示出来。根据这样的目的找出的语音小单元,叫作"音素"。也就是说,音素是人类语言最小的线性的语音单位(这一定义在第二节中还要有所补充)。比如,根据北京话的交际需求,不需要区分的那一个 a,从自然属性看实际上是无数多个不同的 a;而根据已知的所有人类语言的研究,被归并成前 a(如"安"an 中的 a)、后 a(如"刀"dao 中的 a)两个音素。

第二节　元音与辅音

一、元音与辅音的区分

音素可以分为元音和辅音两大类。汉语拼音方案的以字母a、e、i、o、u、ü代表的音属于元音，其他字母代表的音属于辅音。可以从以下方面来考察元音和辅音的区别。

（1）发元音的时候，气流通过声门使声带发生振动，发音器官的其他部位不形成任何阻碍，因而气流经过咽腔、口腔时畅通无阻。发辅音的时候，都是在发音器官的某一部位造成阻碍，呼出的气流只有克服这种阻碍才能发出音来。

（2）发元音的时候，呼出的气流畅通无阻，因而气流较弱。发辅音的时候，呼出的气流必须克服某种阻碍才能通过口腔或鼻腔，因而气流较强。

二、元音

元音的不同是共鸣腔的不同形状造成的。共鸣腔里面最主要的是口腔，一般元音的差别正是决定于口腔的不同形状。口腔改变形状不外乎三个办法：①把嘴张得大些或者小些；②把嘴唇撮起或者展平；③把舌面的最高点放在舌面的前面或者放在舌面的后面。舌头和下颚相连，嘴张得大，就是舌头的位置低；嘴张得小，就是舌头的位置高。所以可以简单地将上面三个方法归结为舌头的高低、前后，嘴唇的圆展。可以说，这三个因素的结合决定着每个元音的音质。

嘴唇不圆，把嘴张得最大，即开口度最大，舌面的最高点尽量往前，发出来的声音像"爱"（ai）里面的前一个音，国际音标标为 [a]。同样条件下将舌面的最高点向后移动，发出来的音像"昂"（ang）里面的前一个音，国际音标标为 [ɑ]。

嘴唇不圆，把嘴的开口度调整到最小，舌面的最高点尽量往前，发出来的音像"衣"（yi）。国际音标标为 [i]。如果开口度最小但舌面的最高点尽量往后，嘴唇撮圆，发出来的音像"乌"（wu），国际音标标为 [u]。

[a][ɑ] 代表了舌位最低状态下的最前、最后两点，[u][i] 则代表了舌位最高状态下的最前、最后两点，这四个点可以作为元音发音时舌位可变动的最大范围，无论如何变更口腔的形状，所能发出的音几乎都在这个范围之内。所以，一般就以这四个点为坐标连接成一个四边形，用来表示元音发音的各种舌位，叫作"元音舌位图"。

三、辅音

辅音的共同特点是气流在一定部位受到阻碍，通过某种方式冲破阻碍而发出音来。发音部位就是受阻的部位，发音方法就是形成和冲破阻碍的方式。此外，还可以进一步将发音部位区分为主动发音器官和被动发音器官的位置。明确了这几个方面，就能正确地发出一个辅音来。

下面先介绍几种比较常用的发音方法。

（一）常用发音方法

1. 清和浊

辅音的发音是阻碍气流的发音部位，但有时声带也参与发音。发音时声门微闭、气流上来后声带颤动的辅音叫浊辅音，声门大开、声带不颤动的辅音叫清辅音。北京话中 l、r、m、n、ng 这五个辅音是浊辅音，其余都是清辅音。北京话有清音 f、s，而没有像英语 v、z 那样的浊音。我国很多地区的方言也有这样的特点，因此这些地区的人在学习外语时发音往往不准确。

2. 送气和不送气

在汉语里送气、不送气分得很清楚。比如普通话里的"大"和"踏"，后一个字是送气的。发送气音的时候，喉头同时带有像英语 h 那样的摩擦，所以国际音标写送气音的办法是在不送气辅音的右上角加个小"h"。

3. 塞、爆和擦

"塞"就是闭塞，指的是发音器官的某两部分紧紧靠拢，完全堵住气流的通路，气流堵在口腔，对口腔形成很大的压力。闭塞之后突然打开，让压力很大的气流冲出而发出声音，这叫作爆。[p、t、k、ph、th、kh、b、d、g] 等音都有闭塞过程，都是塞音。与此同时，这些音也都有闭塞后打开让气流冲出的过程，所以也都叫作"爆音"。"擦"就是摩擦，与塞音不同，发擦音时发音器官的某两个部分只是靠近，留下一个可以挤出气流的狭窄的缝隙。

塞和擦两个方法还可以相互结合，先塞后擦，发出塞擦音。塞擦音是与清浊一致、部位相同的一个塞音和一个擦音在一个发音过程中紧密结合发出来的音，听起来并不比单独的擦音长。例如北京话的 z[ts] 是舌尖前清塞音 [t] 和同部位的清擦音 [S] 的合音，发音过程的前半段按塞的方法完全堵住气流，后半段改用擦的方法，给气流一个狭窄的缝隙，让它从中间挤出来。北京话的 z、c[ts，tsh] 等都是塞擦音。

4. 鼻音和口音

发出的辅音是鼻音还是口音，这是软腭在起作用。软腭上升，堵住鼻腔的通道，让气流从口腔出来，产生口音；软腭低垂，堵住口腔的通道，让气流从鼻腔出来，就产生鼻音。常见的鼻音还有 ng（上海话"饿"[ŋu]）和 n（"努"[nu]），和它们相应的口音就是 g（"古"[ku]）和 du（"堵"[tu]）。

5. 颤音、闪音或搭音、边音、近音和半元音

"颤"就是颤动，是舌尖、小舌这两个柔软的尖状物处在十分放松并有气流冲击的状态下连续颤动而发出的音。它们的颤动导致气流呼出的通道被堵住后又迅速打开，再迅速堵住和打开，好像是紧紧相连的一小串塞音。法语的 r 是小舌颤音 [R]；俄语的 p 是舌尖颤音 [r]；德语的 r 既可以是舌尖颤动，也可以是小舌颤动；汉语发音中不

用小舌部位，自然就没有舌尖颤音和小舌颤音。因此，汉语母语者外语学习中最难掌握的音之一就是小舌颤音。"闪音或搭音"是舌头颤一次发出的音。"边音"是在舌头的中间位置堵住气流出路，让气流从舌头的两边流出的发音方式。北京话的 l[l] 是在舌尖和齿龈部位堵住气流，气流从舌两边流出的边音。近音、半元音介乎于擦音和高元音之间，也即发音通道留有比擦音大但比高元音小的缝隙，所以气流通过时受到的阻碍小于擦音大于高元音，只是稍微有些摩擦。两者的区别在于近音的舌头姿态与辅音近似而半元音与元音近似。

例如英语非弱读音节中的 r，如 red 中的 r 是个被动发音部位与 z 相同（龈后），但摩擦更小的近音 [I]；北京话中大多数人"日"的起首辅音是个与卷舌擦音 [s] 的发音部位和姿态都相同但声带振动、摩擦更小的近音 [I]，英语 yes 的 y[j]，walk 的 [w] 分别是与元音 [i][u] 发音姿态相同但摩擦稍大的半元音。另外，因为舌头两侧有通道，发边音时的气流摩擦也很小，所以边音也叫作"边近音"。

（二）发音部位

下面沿着气流通过声带进入口腔排出体外的线路，列举沿线的重要发音部位。首先，声门本身也可以是一个发音部位。例如上面讲到的送气成分就是气流和张开着的声门发生轻微摩擦产生的。这个音就是英、德、日等语言里的 h[h]。这个部位叫喉门，比北京话的 h[x] 后得多。以为北京话的 [x] 就是英语等的 [h]，用它来发 have、hand 等，这是不对的。

气流进入口腔，发音部位的第一个大站是舌面后。舌面后辅音几乎在所有语言中都有使用，发音时舌面的后部往上抬，向软腭靠拢，使气流受阻。北京话的 g、k、ng、h[k、kh、ŋ、x] 都是舌面后音。

舌面后的前面是舌面中，它和硬腭后半部（中腭）配合发出的音叫舌面中音。这个部位正是发元音 [i] 时的舌位。不过 [i] 是气流不受阻碍的元音，如果舌头保持发 [i] 时的舌面高点，再往上抬一些，接近硬腭的后半部，发生轻微的摩擦，就能发出"夷"或英语的 yes 开头的 y[j]，这个 [j] 就是舌面中半元音。

舌面最靠前的部分是舌面前，它和硬腭于齿龈的交界处（前腭）配合节制气流，可以发出舌面前音。

舌冠最前面的部分是舌尖。舌尖是发音最灵活的部分，可以和好几个部位配合构成阻碍，节制气流，发出各种不同的音。如果舌头卷起，以撮尖的舌尖向后翻上顶住上齿齿龈桥后的位置，可以发出卷舌音（舌头的背面与齿龈桥后接触）或顶音（舌头正面与齿龈桥后接触）。一般称作"卷舌音"的北京话的 zh、ch、sh，实际是顶音。如果撮尖的舌尖抵住上齿齿龈桥前的位置，或者舌尖自然下垂至下齿，这两种情况都可以在上齿齿龈桥前的位置形成对气流的节制，发出舌尖—齿龈音。如果舌尖抵在上下齿之间，就可以发出舌尖—齿间音。

气流再往前，会受到唇的阻碍。上齿和下唇配合所发出的音叫唇齿音，如英语的 f 和 v[f、v]，汉语的 f[f]。由双唇形成阻碍而发出的音叫双唇音，如北京话的 b、p、m[p、Ph、m]。也可以将双唇音和唇齿音合称为唇音。

第三节 语音组合

一、音节

音节是语音中最自然的结构单位。确切地说，音节是音位组合构成的最小的语音结构单位。在汉语里，一个音节通常也就是一个语素的语音形式，而在文字上也通常用一个汉字来对应。说话的时候，发音部位总是交替地一紧一松，处于一个紧松过程中的几个音在发音动作上的联系更加紧密，因而发出的音在人们的听觉上形成一个个语音片段，这就是音节。

音节是音位组合而成的结构，每种语言的音节都有其自身的结构特点。我们可以从以下三个方面来考察音节：首先，音节最多可以有几个组合位置；其次，组合位置是如何确定的，比如是按照何种组合层次组合的；最后，每个组合位置上可以出现哪些聚合类的成员。如北京话的音节通常可以分成声、韵、调三部分。声母和韵母由音质音位构成，声调由非音质中的调位构成。声母指按音节开头的辅音，如 /khuai51/（"快"）中的 /kh/。韵母指声母以外其余的音质部分，它又分韵头、韵腹、韵尾三部分，韵头也叫作"介音"。韵母的三个成分中，韵腹与韵尾的关系更为紧密，这两个成分统称为"韵"。

北京话音节的组合位置最多的是四个音质音位和一个调位，音节每个组合位置上只能出现某些音位聚合群。比如北京话中只有辅音能够出现在声母位置上，而且除 ŋ 外的所有辅音音位都能在声母位置上出现。只有元音能够在韵腹位置上出现，各个元音音位也都能在韵腹位置上出现。介音和韵尾的位置上只有很少的成员能够出现，只有 /i、u、y/ 三个音位能做介音，属于高元音这个小聚合群；只有 /i、u、n、ŋ/ 四个音位能做韵尾，分属高元音和鼻辅音两个小聚合群。

根据不同组合位置上的音位或区别特征，大小不同的语音单位又形成更大的聚合分类。比如，根据介音位置上的成员可以得到：凡是以 /i/ 为主要元音或介音的韵母聚合为齐齿呼，以 /u/ 为主要元音或介音的韵母聚合为合口呼，以 /y/ 为主要元音或介音的韵母聚合为撮口呼，没有韵头而以 /a、o、ə/ 为韵母的主要元音的韵母聚合为开口呼。开、齐、合、撮四呼是北京话音位组合格局中的一个重要的特点，要想掌握北京话的声韵配合规律，必须首先要掌握它。根据韵尾位置上的成员则可以得到从区别特征 口/鼻 的对立来看，凡是以元音 /i、u/ 结尾的韵母聚合为元音韵尾韵，凡是以鼻音 /n、ŋ/ 结尾的韵母聚合为鼻尾韵，凡是没有韵尾的韵母聚合为开尾韵，这一分类对于掌握语流音变的规律很有用处。从区别特征 /后//非后/ 的对立来看，有 /u、ŋ/ 韵尾的韵聚合为后韵尾韵，有 /i、n/ 韵尾的韵聚合为前韵尾韵，无韵尾的仍为开尾韵。这三类韵母在儿化时各有自己的规律。总之，音节的组合结构和每个位置上的聚合类构成一个语言音系特殊的组织方式，语言中的音只能在各自语言的这种特殊的组织方式中活动。

汉语音位的组合格局比较简单，分开、齐、合、撮四呼，没有复辅音，能够形成的音节数目比较少。外语中的复辅音，用汉语音译时，往往需要用汉语的一个音节去对应外语中的一个辅音。比如英语中的姓——Swift 是一个音节，转译成汉语变成"斯威夫特"，也就有了四个音节。用汉语转译外语的音时常常需要增加音节，这种不一致是汉语音位的组合规则导致的。

二、语流音变

音位在和其他音位组合的时候，由于受说话时强弱、快慢、高低的不同和邻音影响，有可能会发生不同的临时性变化。我们称这种变化为语流音变。常见的语流音变有同化、异化、弱化、脱落四种。

同化现象在各种语言的语流音变中十分常见，是指一个音位受相邻音位的影响而在某个区别特征或音位整体上趋同的现象。比如北京话的"面"/mian/、"棉"/mian/ 中的 /n/ 在"面包""棉袍"中变成 /m/。这是被"袍""包"的声母 /pʰ/、/p/ 在部位上同化的结果。英语中弱读音节 to 中的 /t/ 在前接 n 时可以同化为 n，如"want to go"在快速口语中变为 [wan nəgo]，不少口语教材甚至在文字上也改写作 wanna go。以上语流音变都是跨语素界、跨词界发生的。

异化现象虽然不像同化现象那么频繁地出现，但也比较常见，这一现象与同化现象刚好相反，具体指两个本来相同或相近的音位，如果起我发音有困难，则其中一个发生变化，变得与邻近音不同或者不相近。比如北京话的上声是个发起来比较费力的低曲折调，两个上声字相连时，第一个上声要变成阳平，这是调位的异化。

弱化现象在各种语言中也十分常见。弱化有不同的程度和多种多样的表现。弱化通常发生在轻声或弱读音节中。从元音来说，弱化最常见的表现是复元音单化，单元单（高元音 /i u y/ 除外）央化。比如北京话口语中"妈妈"/ma ma/ 弱化成 /ma mə/，"木头"/muthou/ 弱化成 /mutho/。英语 American 一词中起首的弱读音节的 A 音质为 [ə]。另外，专门表示语法意义的词通常是弱读的。比如，英语有几十个常用的语法词，有强式和弱式两种发音，弱式发音最常用的是央元音 [ə]。

语流音变是语言十分重要的特点，是语言系统丰富而有弹性的表现。要真正学好一种语言或方言，不仅要掌握它们的音位及其组合聚合规律，还有必要对它们的语流音变规律有所掌握。

三、韵律层级

语音有音质、音高、音强、音长四要素，后三者统称为超音质要素。超音质要素有区分语素和词的语音形式的音位功能，还有构建一个语言独特的节奏，组建比音节更大的韵律单元的作用。这些韵律单元一般跟大于语素或词的语法单元或语用义有关联关系，下面仅介绍一些基本知识。

我们听汉语（北京话）和日语，会感到两种语言的节奏明显不同。这里所说的语言的节奏是狭义的节奏，它大致相当于音乐中的节拍，是音流中某些超音段要素在时间上等距离地、周期性地交替出现，可以等时地打拍子。

语言的节奏主要有两大类型。一种是"音节（或韵素）型节奏"，相当于中国戏曲中"有板无眼"式节奏，法语、日语、韩语和汉语粤方言等都属于这一类型。另一种节奏类型是"音步型"，与戏曲中的"一板一眼"或"一板多眼"式节奏相当，一般是两个音节组成更紧密的小单元，北京话和英语属于这一类型。前一种节奏中，法语除词末音节为词重音外，词中其余音节的长度、重度都差不多，基本上是每个音节在时间上等距离地出现，没有强弱拍的区别。日语则是短元音韵的音节长度全都一样，长元音和鼻尾韵音节的长度则相当于两个短元音音节。韵中的每个音位叫作"韵素"（mora），日语中每个韵素都大致等长等重，在时间上等距离地出现，没有强弱拍的区别。后一种节奏，比如在北京话或英语中，语流是大致每隔两个音节就有一次小的高低、轻重、长短或松紧的交替，形成语流中大致等距离出现的两音节的节奏单元。这种节奏单元有时也可以是一个或三个音节的，但一音节自成一个节奏单元的一定有音节的拖长，三音节组成一个节奏单元的一定有音节的缩短，所以每个节奏单元还是倾向于等长，这种节奏单元叫作"音步"。比如，如果以（）表示音步的界线，则北京话的"（买了）（桃）（五斤），（其中）（蟠桃）（两斤），（水蜜桃）（三斤）"。这句话中，单音节字成音步的"桃"明显长于"蟠桃"的"桃"，"蟠桃"中各音节的平均长度又长于"水蜜桃"，三者的长度比大致为 1 ∶ 0.73 ∶ 0.66，这与日语中每个韵素等长、法语中每个音节等长有很大的相同。音节、音步等韵律上的小单元，与语言的词法、句法也密切关联。在现代汉语中，常常同一个意义有单音节、双音节两种说法，它们在组词造句成篇方面都起着不同的作用。比如，"租汽车"一定是由"动+宾"组成的动词性词组，而"出租汽车"除了可以是动词性词组外还可以是名词性结构，后者甚至更常见。类似的例子还可以举出很多，比如，说事物时，"煤店、煤炭商店、煤炭店"这样的格式常有人说，"煤商店"却基本不能说；说动作时却是"种蒜、种植大蒜、种大蒜"常说，"种植蒜"基本不能说；"禁止说话、无法学习"可以单说，"禁止说、无法学"不能单说。单双音节的选择还与现代汉语的文体区别有关，比如前面提到的双音节动词"种植"只出现在书面语体中，而单音节动词"种"倾向于出现在口语语体中。再比如，"我国政府出于相同的考虑，认为不宜前往"是书面语体，而"咱想的跟您一样，就甭去啦"是口语对话语体。总而言之，怎样才能说出正确的现代汉语，怎样才能在不同的场合使现代汉语得到得体的运用，与单双音节的选择有密切的关系，这方面的研究还大有可为。

音步之上还有更大的韵律单元。由于各种语言的韵律结构十分复杂，下面只讨论汉语（北京话）的有关情况。在音步之上，汉语还有由"停延"分隔开的更大的韵律单元——停延段。"停延"指"停顿"和"延宕"两种情况，前者是在段后停止发音动作，后者是把段中最后一个音节的韵母延长，两者都可标志出比音步更大的韵律单元。比如"（中华）（人民）（共和国）｜（成立了）"分为两个停延段（竖线｜表示的是停延段的界线），前一停延段包括三个音步，后一停延段只有一个音步，前一停延段的末尾由拖长"共和国"最后一个音节"国"的韵母来体现（延宕），后一停延段之后则必须有较长的无声段（停顿）。

比停延段更大的韵律单位是"语调段"。语调段由一个或多个停延段组成，其特点是语调段的末尾部分要有承担语气的语调曲线。比如"‖（中华）（人民）（共和国））｜（成立了））‖"是由两个停延段组成的一个语调段（双竖线‖表示停延段的分界），最后一个音步上带有表感叹语气的语调。

音步、停延段、语调段等韵律单位的分界，为表达词组、句子等更大的语法单元的分界，表达语气等更高层的语法或语用意义提供了有效的手段。我们的古人早就知道节奏、停延、语调在话语组织中的作用，编出了一些有趣的典故。比如，把"下雨天留客，天留人不留"改为"下雨天，留客天，留人不？——留！"的故事，就是利用音步、停延段边界以及语调的改动，把语词及排序完全相同的语流表达出了完全相反的意思。另外需要注意的是，音步、停延段的边界与语法单位的边界也不是完全一致的。比如"来了一位白胡子老头儿"这句话，从语法上说，第一层的分界在"来了"之后，"一位白胡子老头儿"是一个语法单元，而说的时候，韵律上最大的停延却在"一位"之后。"来了"和"一位"没有直接语法关系，但却处于同一个停延段中。韵律单元与语法单元边界虽然存在一些不一致的地方，但这些不一致也有规律可循。对其规律的研究是近年来韵律研究的一个热点，可以直接为信息处理领域"文本转换为语音"的技术服务。

第四节　超音段特征

超音段特征是指超过话语中一个以上的语音的特征，主要的超音段特征有音节、重音、声调和语调。

一、音节结构

音节（syllable）是学习超音段特征的一个重要单位。在英语中，一个词可能是单音节（monosyllabic）（只有一个音节，像 cat 和 dog）或多音节（polysyllabic）（不止一个音节，像 transplant 和 festival）。

当我们说像 bed, dead, head, fed, led, said, red, thread, wed 这些词押韵时，我们所说的是其首个辅音或辅音丛后的元音是相同的。因此，我们能将一个音节分为两个部分——韵脚（rhyme）和节首辅音（onset）。韵脚内的辅音便是音节核心，其后的辅音被称为结尾音节（coda）。我们就此可以描写单词 cracked 的音节结构（syllabic structure）。

对于音节来说，音节核心是必须要有的，而节首辅音和结尾音节是可以没有的。没有结尾音节的音节便是开音节（open syllable），而含有结尾音节的便是闭音节（closed syllable）。

不同的语言使得多种不同种类的音节成为可能。英语中，节首辅音位置可能是空位，也可能由多达三个的辅音连缀所填充，而结尾音节位置可能会由多达四个的辅音所填充。

因此，该英语音节可表征为（（（C）C）C）V（（（C）C）C）C）。然而，汉语话的音节至多允许节首位置有一个辅音 1，结尾音节只有鼻音 [n, ŋ]。因此，普通话音节可表征为（C）V（C）。

关于音节构成成分，目前尚未有一致的意见。因此，多音节单词音节的划分要根据某些原则，其中之一便是最大节首原则（MAXIMAL ONSET PRINCIPLE，MOP）。该原则规定，当需要对辅音位置做出选择时，它应该在节首而非结尾。

二、重音

重音是指生成音节的语力强度。在音标中，一条提高的垂直线被置于相关的音节之前，区分出了重读音节和非重读音节，突出了前者，这意味着重音只是一个相对概念。英语中的重音模型比较复杂。从原则上讲，重音可能会落在任何音节之上，它们也会随着历史而发生改变，并且在一定程度上展现出地域的差异。讲标准英式英语和标准美式英语的人在这些词的重音模型选择偏好方面也有所不同，debris（英式英语），de'bris（美式英语）；la'boratory（英式英语），'laboratory（美式英语）；'garage（英式英语），ga'rage（美式英语）。

我们也观察到，当一个词发挥不同的语法功能时，其重音有时也会落在不同音节上。例如，in'sult（动词）—insult（名词），con'vict（动词）—convict（名词），re'bel（动词）—rebel（名词），pro'duce（动词）—produce（名词）yre'cord（动词）—record（名词）。需要注意的是，重音变化也经常在复合词与词组之间发生。blackboard（黑板）是教室里老师用作板书之物，而 black'board（黑色的板子）则是一块黑色的板子。句子重音更有意思。通常情况下，实义词一般重读，而结构词不重读。不过，句子重音常被用于表达惊讶的情感或者对某个词的强调等，所以实际上，重音可能会落于任何词或音节之上，如例句 2-1 所示。

例 2-1

（1）John bought a red bicycle.

（2）'John bought a red bicycle.

（3）John'bought a red bicycle.

（4）John bought a'red bicycle.

（5）John bought a red'bicycle.

三、语调

语调（INTONATION）包含反复的升—降模型的出现，每个升降模型使用时都含有一组相对一致的意义，或者在单个的词上，或者在长度不同的词组上。例如，英语中的升、降调尤其包含了一组明述或者暗示的有限项目之间意义的对比。这种语调适用于下面所有的例子中，如例句 2-2 所示。

例 2-2：

（1）（Isn't her name Mary?）No/Jenny.

（2）The old man didn't come/whereas theˇyoung man/did come and actually enjoyed himself.

（3）ˇI didn't do it

（注意"/"表明了一个音调组的界限，ˇ符号指示了在下个界限前，升降语调遍布所有音节）

语调的变化会给一组词的意义带来变化，当这样的现象发生时，被称作音调的不同。话语结尾处的升调常用于疑问句和表示礼貌或惊奇，而降调有时则显得粗鲁和唐突。

四、声调

汉语中，声调变化的方式是不同的，影响的是单个词的意义。在汉语普通话中，一个音节如 [pa] 至少有四种意思，而这不同的意思由它的声调决定。如果我们考虑到不同的汉字有相同的发音和声调，将会发现更多的意思。像汉语这样的语言被认为是声调语言（TONE LAN-GUAGE）。

第二章 英语语音学的发展

第一节 英语语音学的研究现状

近年来有关英语语音研究的文章层出不穷，这些文章代表了在这一领域中的重要成果。这些文章基本上可分为四大方面：一是英语语音基本理论知识研究。该部分又可分为对元音、辅音以及音节的研究；对超音段音位的研究，其中又包括重音、语调以及节奏的研究。二是英语语音教学的研究。三是语音对比的研究，主要包括英汉的对比和方言对英语语音的正负迁移作用。四是利用现代仪器或技术对英语语音的实验研究，其中包括语音对比和语音教学的研究。

以下是对这四个研究方面的具体分析，通过这些分析可以更加清晰地看到我国英语语音的研究状况。

一、英语语音学基础知识

（一）元音、辅音以及音节的研究

英语是音和义紧密结合的语言，语音不仅影响着我们的发音、口语，也对英语语法起着一定的作用，所以语音的掌握是学好英语的基础。此外，各种语言技能的获得也均以语音为本。因此，从某种意义上讲，学好英语语音是学好英语的先决条件。近几年国内的研究有少部分是纯理论的语音学知识的概念论述，如《试论英语短音化规则》，尤五力的英语语音学系列论文《学一点英语语音学——论学习语音的重要意义和学习方法》《学一点英语语音学：音节（Syllable）》，介绍了语音的重要性，并从语音的几点分类分别介绍了语音学理论知识。大部分论文还是把语音知识和听说教学相结合，如发表在《山东外语教学》中的《语音学知识在英语听说教学中的积极作用》，根据《大学英语教学大纲》的要求强调以音段音位的训练为基础，提出了语音教学的改革《英语语音知识与听力能力的相关性研究》一文，通过实验得出语音能力与听力理解具有一定相关性。《掌握语音知识提高听说技能》就英语听说技能应该特别注意的语音现象，如音变、省音、加音、连音等做一归纳和论述。《英语听说与语音知识》中提出了加强语音学习促进听说交际能力发展的一些具体方法。

（二）超音段音位的研究

在实际语言使用中，不仅仅要发单个的元音辅音，或者单个音节，还需要对超音段音位掌握。超音段音位主要包括重音、语调和节奏等，这些直接影响着我们发音的

灵活性和准确性，从而能反映出个人的英语口语水平。

电商（商务秘书）场景实验室教学有效地建立了课堂与岗位间的密切联系，提高了学习的实用性和学生的岗位实践能力。教学中，教师以电商（商务秘书）场景实验室或企业真实场景为平台，通过完成场景任务将理论知识与岗位实践有机联系起来，为学生就业奠定了坚实的基础。电商（商务秘书）场景实验室教学中，教师自身的专业素质和能力也得到了逐步提升。

二、语音教学

英语的教学在早期是以语法为中心的，在我国，也是因为应试教育使得英语教学一直是围绕书本，以语法为中心，以记单词为基础来进行的，这样的教学方式影响学生实际的语言运用能力。不过随着英语语音教学的研究发展，我国英语语音教学也从传统的语音基础知识的学习，语音的模仿、对比向现在的语音训练的多样化发展。

在《我国英语语音教学的现状及对策》一文中，作者指出了我们英语语音教学的重要性，分析我国英语语音教学的现状和存在的问题，并提出了以学生为中心的语音教学模式。

论文中的研究可分为三类：一是对儿童和中小学生的语音教学研究；二是非英语专业的语音教学研究；三是英语专业的语音教学研究。如《动画片语境下小班幼儿英语语音学习的研究》论文中，通过英语动画片这种学习媒体，着眼于英语语音模仿测验结果，考察幼儿在不同的学习素材下、不同的教学方式下语音学习的效果，还有《语音训练对幼儿英语语音意识和字母知识的促进》一文，经过语音教学实验，发现儿童在音节意识、音韵意识、音素意识和字母识别等方面受语音影响大，早期有针对性的语音训练可能更快地增强幼儿的语音意识。这些文章的特点是大都从认知的角度来探讨儿童语言习得的意识问题。

对于大学英语和专业英语的语音教学研究主要是从汉语式发音问题以及实际教学中发现的常见的发音错误出发，探讨产生这些发音误区的原因及语音教学的现状，进而提出相关的策略来提高学生的发音。如《英语语音与大学英语教学》《英语专业学生英语语音学习案例研究—问题与分析》《英语专业新生英语语音现状及对策研究》《非英语专业学生英语语音能力现状分析及对策》等。

三、英汉语音的对比研究

西方语言学家从二十世纪二十年代起已经采用对比分析（contrastive analysis）的方法，对两种或多种语言的结构和功能进行对比。在我国20世纪30年代至40年代，赵元任等学者就开始对英汉语音的异同进行研究。

大部分论文是关于汉英的对比，其中又分为对语音系统的对比，对音节、超音段音位的对比，比较少的是关于超音段音位中重音、节奏、语调的分别对比研究，这些研究也多是用于语音的教学，以汉语为起点，找出其中的正负相关性，研究中式英语产生的原因。另一部分论文是方言和英语的对比，主要设计的是方言对英语的负迁移作用以及教学中的对策问题。

四、英语语音的实验研究

通过实验来研究语音本来只是语音研究的一种辅助手段,在20世纪却逐步发展为一门独立的学科。特别是70年代电子计算机应用于语音研究,使用计算机对数据进行大量的分时处理,实验手段得到广泛开展,语音生理、声学、感知等全面发展。总地来说,这一类的文章占的数量还很小,主要是与实验语音学相结合的研究,根据实验语音学中所用的实验仪器得到具体的数据,从而分析英语语音的特点,其他一些文章就是通过教学实验研究,具体分析学生的语音错误问题,这些一般都是采用与汉语语音实验相结合的对比研究。

通过对这些文章的整理发现国内有关英语语音学的研究越来越多,也越来越重视语音的实际运用,特别是开始重视超音段音位的研究。

但是综合分析这些文章,发现大部分还是传统的论述方式,而那些能为语音研究提供更多客观依据的实证研究、量化研究以及利用现代仪器进行实验分析研究等方面有待发展。还有语音超音段音位的研究仍然需要深入,特别是具体的重音、节奏和语调方面的研究,此外,还应该把现代技术和英语语音教学相结合,充分利用现代的多媒体技术来为英语的语音教学提供新的思路。

第二节 英语语言学语音和词汇

任何事物都不是一成不变的,尤其对于语言来讲更是如此。使用英语进行沟通的主体越来越多,英语应用的范围越来越广,那么英语在被使用的过程中必然会因为国家和地区经济、文化、社会发展的不同需求而做出改变。随着不同国家英语使用者表达的需求和社会发展变化的要求,英语的语音和语汇方面也发生了一些变化。

一、英语语言学的语音变化

英语在被应用的过程中出现了较多的变化,尤其是语音方面变化较大。如今很多专家都从语音的进一步演变来对英语语言学的发展变化进行具体研究。本研究针对英语语言学中语音的变化进行了具体的分析和研究。

(一)语音发生了变化

不同国家和地区的人们在使用英语进行交流沟通的过程中会结合相应的语言表达环境,在具体交流的过程中经常会因为某种特殊场合或者因素的影响,在英语词汇中增加元音或者辅音。语音方面出现这样的变化在很大程度上与人们的表达方式和语言习惯有关系。

(二)元音发生了变化

从15世纪开始,中古英语就开始朝着现代英语的方向发展。其发展变化有一个最鲜明的特点就是元音发音的舌位有较大改变，开口的程度相应缩小。比如：元音 [e] 的发音，舌整体向前移动了较多的位置，同时发音的时候口型也相对缩小。元音 [a] 发音时舌位也向前移动不少，同时舌位也提高了一些。元音和双元音在很大程度上也发生了一定的变化，在这一时期双元音的发音也相对固定下来。元音在发展变化的过程中在很大程度上促进了中古英语长元音进一步做出调整，这种变化也进一步影响到英语拼写方式和单词发音的逐渐分离。西方国家在对英语发音进行具体研究的过程中，发现在英语发音演变的过程中单元音发音出现了很大的变化，舌头的位置处于口腔的正中间并且相对下降，如：这一时期的 [I] 发 [i] 的音，[v] 发 [u] 的音。这个发音的明显特点也被后来的很多英语语言学家称为元音发音居中化。

（三）语音缺失

语音缺失表现在以下两种情况：第一种情况，英语语言在发音的时候，部分使用者将第二个元音进行省略而着重强调第一个元音，在具体发音的过程中双元音和三元音就容易变成单元音。第二种情况，在具体发音的时候如果出现了一些元音附着在另外一部分元音的后面，那么此时附着的元音容易被省略。在个别多音节单词发音的时候如果元音夹杂在两个辅音之间，这个元音也有可能被直接省略，此时就出现了音素脱落的现象。语音方面出现缺失的原因也是在英语语言表达过程中出现的，出现这样的情况在很大程度上跟人们日常便捷的发音习惯有关。对一部分语音进行省略可在不影响表达意思的前提下更好更快地传递想要表达的具体信息。

二、英语语言学的词汇变化

英语词汇在英语语言发展的过程中出现了很多变化。英语词汇变化在很大程度上会受地区文化差异和人们行为习惯的影响，在人们语言表达的过程中一些习惯用词会相对固定下来。词汇的变化和具体的语言环境及文化环境都有较大的关系。不同地域的英语使用受众在使用英语进行表达的时候，经常会根据周围的具体情况和特定的语言表达习惯对语汇进行修改，在长期使用和会话的过程中以一定的形式流传开来。

（一）合成词语的出现

合成词语其实就是将意义和形式上比较类似的英语词汇进行组合再造，这样得出的一个新词语就是人们通常说的合成词。合成词的意义在很大程度上已经不同于原来词汇的意义了，甚至一些合成词的意义和组合之前的词汇意义具有天壤之别。比如：将 water 和 melon 进行有机结合就形成了 watermelon 这一单词，从意义上来讲由原来的水和瓜变成了组合以后的西瓜。从这个例子来看，合成词在一定程度上和原有资源有一定的联系。再比如：将 black 和 man 有机结合，就形成了 Black-man 这一单词，从意义上来讲由原来的黑和人就变成了现在的布莱克曼这一人的名称。这样就直接出现了本质上的变化，与之前的意义完全不同。

（二）紧缩词语的出现

紧缩词语，顾名思义就是将两个或者多个单词重新压缩组合，主要是指将两个单词的特定部分进行系统的有机再造形成一个新的词语。如：breakfast 就是由 break 和 fast 这两个单词进行组合的；smog 就是通过 smoke 和 fog 进行有机组合而形成的一个新单词；bookshop 就是将 book 和 shop 组合在一起形成的新词语。

（三）委婉语的出现

由于不同国家和地区的风俗习惯以及语言表达方面的差异，人们在使用英语交流沟通的过程中经常会遇到一些语言方面的禁忌，如果在语言表达的过程中不能够将这些词语省略，那么可以采用其他的词汇进行暂时代替，这样英语中的委婉语就出现了。如：一些地方的人们用 sleep forever 代表人的生命终结，用 took him 来代表某一个人因为坠机失去了生命。这些隐晦的表达可以体现对不同国家和地区人们的风俗习惯以及表达习惯的尊重。

（四）词汇创新现象的出现

社会在发展进步的过程中容易出现各种各样的新事物和新现象，人们要对这些新事物和新现象进行准确的描述和表达，就要对英语词汇进行适应性的改变。鉴于这样的现实需求，在英语语汇中就出现了很多为适应社会变化发展而出现的新单词。尤其是第二次世界大战以后各国经济发展较快，再加上科学技术和现代多媒体信息技术的快速发展，这样就在很大程度上促进了词汇的创新。很多新词汇在这一时期大量涌现，如：computer game（电脑游戏）、environment expect（环境保护专家）、anti-pollutionist（反污染分子）等。

（五）缩略词的使用

随着社会节奏的不断加快和人们生活方式的不断改变，英语词汇在变化的过程中也出现了缩略的现象。缩略词在本质上就是将一部分比较长的词汇进行压缩从而形成一个新的英语单词。这个新形成的英语单词较为简短，在具体书写和表达的过程中可以达到省时省力的目的，同时又非常清晰地表达了词语的意思。如：将 bicycle 压缩为 bike，这样就可以在很大程度上简洁方便地提高表达效果，便于交流沟通。

（六）感情色彩的变化

英语词汇方面的变化也体现在感情色彩表达中。由于部分国家和地区人们表达习惯的不同，一些词汇在感情色彩方面出现了相应的改变，一些贬义词在应用的过程中有可能会被当作褒义词来使用。如：shrewd 在古代英语中代表着一个人不怀好意，但是在现代英语中却是十分聪明的意思。除此之外，还有一些词语原来是褒义词或者贬义词，但是在当今英语词汇表达中却变成了中性词，这种现象也较为常见。

（七）词意发生了改变

英语这门语言经历了 1500 多年的发展历程，在具体发展演变的过程中很多词汇在词意方面发生了较大改变，这种改变在很大程度上和社会经济的发展有较大的关系。如：honey 原来是蜂蜜、蜜糖的意思，现在人们经常把它当作爱人之间的昵称；lady 本来的意思是女主人，但是在现代英语中经常将其用于礼貌称谓之中。

当今世界英语的应用地位不言而喻，在国与国交流沟通的过程中英语发挥的作用越来越重要。英语在发展的过程中会随着社会经济、文化需求以及人们语言表达习惯的变化而做出相应的调整，这是社会发展变化的具体要求，更是人们交流沟通便捷性的现实需要。

第三节　英语语言学语音的变化

语音作为人类交流的媒介，会随着社会的发展、时间的变迁而产生变化。英语作为国际通用语言之一，经历了几个不同时期的发展，有一千五百多年的历史。英语的语言发音在不断变化，这就使得英语分支十分明显，不同国家不同地区的英语差别较大。通过研究英语中语言的不断变化，可以使我们更加直观地了解英语从古至今的发展历程，更有利于我国在国际中的发展。英语在经历了一千多年的变化后，可以看出，它的变化并不是随意、简单、单一性的，而是伴随着人文社会、背景的变迁而产生变化的。本节主要是对英语语音的变化历程方面进行探讨，并将简要分析英语语言学习者在学习过程中遇到的问题以及英语语音的应用价值等。

一、英语语言学的概述

语言是人类交流、沟通的重要工具，其中语言的发展与社会文化、社会背景的发展息息相关。在不同的环境下，社会环境的差异，就会产生不同的语言，语言反映出当地的人文、思想，也反映出当地不同的文化背景、社会背景。只有相互接纳对方的语言才可以进行相关交流。语言学作为一种语言科学，在文化领域，有自己独有的规律和理论，对其规律和变迁过程进行探究是很有必要的。

二、英语语言学的演变过程及其发展趋势

（一）演变过程

1601—1700 年以来，就出现了关于英语语言学方面的研究，文艺复兴时期，莎士比亚的文学作品就使英语的语言结构得到大规模发展，自此英语语言学就进入了一个新的高度。到 17 世纪中期诗人 John Milton 对英语语言学的推动也发挥着不可忽视的

重要作用，其作品内容不但广博高深，语言也非常精美，使英语语言学得到进一步提升。到 19 世纪时期，各国语言研究者开始研究语言和社会之间的关系，其中波兰人第一次指出将语言学正式纳入应用性、纯粹性语言学，促使了英语语言学语音的变化，并增强了英语语言学的影响力。

（二）发展趋势

如今英语语言全球化与早期的英国殖民密不可分，在殖民之前，英语仅为英国的本土语言。随着英国的迅速发展、扩张，英语在世界范围内应用十分广泛。当下，英语早已没有相对统一的标准，而是向着多极化方向发展。各个地区英语语言的发展都不相同，当地都会对英语进行适合本土特色的改良，所以就目前的情况来看，世界各地的英语语言有着明显的区别。甚至在英国本土，也因为地区的不同，英语发音存在着差异，这使英语的进一步发展受到了限制。

三、英语语言学的语音变化过程

英语语音的变化也促使着英语发生变化，英语语言的变化是和语音息息相关的。从英语发展的进程来看，可以明确发现英语语言的基本变化规则。英语是依据不同的年龄、性别、文化程度、生活背景等形成的一种特有交流方式。因此，经过不同团体语言的发展演变就使得英语语音发生了改变，在之后很长一段时间才逐渐变化发展形成书面语言。但语音变化的主要表现形式是通过元音和辅音的变化体现出来的。

（一）元音的改变

现代英语语言主要是在文艺复兴时期由中世纪英语语言转变过来的。英语语音演变中元音有比较明确的变化，元音的发音过程中舌位提高是此变化的主要表现。其中七个长元音改变最为明显，它们的发音技巧从开始的舌尖向舌头根部靠近，开口度减小。比如元音 [a]，非常明显，发音位置有了提高；元音 [e] 发音时舌位更加靠前，逐渐减小开口度，发出与 [i] 相似的音，而 [i] 发音时一般会将相应的音节补充在前面，和 [ai] 的发音类似。除此之外发生改变的还有单元音和后元音，固定下来的是双元音发音。中古英语长元音随着元音的变化也发生相应转变，这也恰恰使得英语语言发音与英语拼写渐渐分离。从不同版本的《英语发音词典》舌位图中可以看出舌位的变化，在演变过程中，发生很大改变的还有单元音，[l] 和 [i] 发音相同，舌位靠近中部，[e] 的舌位相对更加向下 [l:]，开口度较以前有部分增大，舌位也相对向后移；在变化中三元音的滑动过程逐渐减少；[ou] 的发音变成 [au]，又如 [u] 被 [v] 代替等。现代英语逐渐发展，从元音发音的一系列改变中可以看出，发音位置较中世纪英语发音更靠近中部。如 [l] 舌位向中转移，开口程度变大；[e] 舌位降低；[ae] 舌位降到最低；[o] 舌位上升，处于中间位置；[u] 舌位处于中间，处于半高的程度。从总体来说，英语语言前元音舌位都基本下降，而后元音基本上升，舌位都有向中部移动的趋势。

（二）语音缺失

随着英语语言学逐步发展，语音出现了音节脱落的情况。主要表现在双元音音节逐渐向单元音方向发展，造就了部分语音的单方面缺失。从以往的发音来看，前重后轻主要是双元音的发音特点，而现代英语发音会在元音后附加其他元音的发音，使后面的发音直接被忽略，就形成了存在于双元音之上的单元音。而在部分特殊语境下，三元音的发音也会有变成单元音的情况。而在有辅音的情况下，被置于两个辅音之间的元音一般也会被忽略，不发音节。以此可以看出，现在英语语言学中语音缺失情况严重。

（三）语音位置及声音的变化

现代社会人们在发音的过程中，不止有语音缺失的情况，还会经常以丰富英语的语言环境为目的，在一些单词中加入元音或者辅音，如在发音时在部分单词之间加入辅音或者元音，这就是平常所说的英语语言的"增音"。同理，在发音过程中把两个语音片段进行变化，这种行为称为英语语言的位置变化，在交流过程中把两个单词互换位置来达到某种目的，这种情况也就是英语语言的"移位"。

四、英语学习者在语音学习方面遇到的问题

（一）音准问题

音准问题是现在英语学习者普遍存在的问题，追溯到根源，这种错误出现的原因是学习者在幼时学习没有学习到正确的发音方法，在之后的学习过程中这个问题也没有得到重视。还有一个重要原因是在我国母语中没有英语语言部分音节的发音，这就导致了部分学习者在长时间的学习中发音错误，特别是在许多元音的发音上，汉语中韵母没有一一对应的发音，且元音是音节中的发音重点，这就导致了英语学习者发音不地道甚至错误的想象。这是长期不正确、不严谨发音造成的，但较前一种问题，此问题易于解决。此外，有部分学习者受方言负迁移影响，不利于对其口音进行纠正。

（二）语调、节奏的错误

在实际英语学习中，英语语音的学习并没有得到大多数学习者的重视，这就表明部分学习者没有认识到语音在英语语言学习中的价值。现在普遍存在一种现象，学习者在进行阅读、语法练习时会比直接进行语言表达好得多，存在此问题的主要原因是学校的重视点不同。如果此问题得不到解决的话，会为后面的英语学习带来很大困扰。部分调查显示，在英语语言学习的语音练习中，就连英语专业的学生也普遍存在语调不正确的问题。所以在进行英语语言学习时，要把握好重点，注重英语口语的练习。

五、语音在英语语言学中的价值

在英语语言学中语音有自己特有的价值，同时这也是英语学习者需要了解的基础，因为这对日后的英语学习和沟通非常重要。在与人沟通时，不同的语音、语调会表示不同的态度。现阶段很多学习者对英语语音标准化方面的学习不重视，不明白语音在英语语言学习中的重要性。受传统英语教学的影响，我国在教学中通常是以语法和词汇作为核心讲解内容的，最终检测的内容也与此类相关，往往忽略了最重要的英语语音学习。由此可以表明我国英语教学中的语音缺失。在学习者进入更高阶段的学习时，要更加重视英语语音的学习，也方便了日常交流。另一方面，英文和中文两种语言有较大差异性，在学习时会增加难度。所以在学习时更要注重语音的学习，避免在交流过程中发生误会，产生歧义。

注重英语学习中语音的学习，对英语学习者来说有非常重要的意义。即使现在中国英语学习通常以语法、词汇的考核为主，忽视了语音学习的重要性，但是对于英语学习者本身而言要积极掌握语音发音的准确性，这样在后续的学习、交流中才会取得更多进步与成长。

总而言之，英语作为国际通用语言之一，英语语音作为英语的重要组成部分，从古至今并非一成不变，而是随着时间、社会文化及其背景的变迁发生着变化[6]。在当代国际情形下，想要适应全球经济的快速发展，就必须对英语进行完善。所以，分析研讨英语语言学的变迁与发展能对英语进一步了解，从而促进我国在国际中的快速发展。

第四节　英语词汇语音象似性

语音的象似性研究最早可追溯到柏拉图，他在《对话集》中提出人类一般语言活动起源于拟声的论点。持同样观点的还有莱布尼茨，他认为人类的原始语言是根据拟声原则创造出来的。在一定意义上，语言创造之初，大部分词汇和客观世界之间存在声音象似性。英语是一种使用少量的字母记录语音中的语言，从而记录语言的文字，即表音文字。因此，英语词汇语音和意义之间存在一定的象似性。本节拟对部分英语词汇语音和意义之间的理据关联进行探讨，以期揭示英语词汇语音象似性的认知表征。

一、理论概述

唯名论（规约派）与唯实论（自然派）两个学派的分歧，或者说任意说与理据说之间的争论，实际上是围绕语言符号是否具有象似性而展开的。从本质上来说，这一分歧或争论主要涉及语言符号和表征对象之间的关系。双方争论的核心问题是某一特定语言符号的意义到底是"自律"（autonomous），还是"他律"（heteronomous），是属于语言内（intralinguistic），还是语言外（extralinguistic）？就意义的呈现而言，某一特定"概念"所依凭的"语言符号"是中立的、透明的、被动的,还是调停的、非透明的、主动的?换言之,语言作为一套符号系统,是有意设计而成的,还是自发演化而来的?

从古希腊到19世纪末,学界一直存在唯名论和唯实论之争。唯名论或任意说的代表人物有亚里士多德、赫摩根尼、洛克等,唯实论或理据说的代表人物有柏拉图、卢梭、洪堡特等。到了20世纪,索绪尔(1980)提出语言符号由能指(signifier)和所指(signified)组成,能指和所指之间不存在任何"内在的联系"或"自然的纽带"。在索绪尔看来,语言是任意的,任意性是语言符号的第一原则,但该观点自20世纪60年代以来受到越来越多学者的质疑。

象似性这一术语最早来自美国哲学家皮尔斯(Peirce 1955—1902)的符号理论,他根据符号和表征对象之间的关系,把符号分为象似符(icon)、标志符(index)和象征符(symbol)。象似符主要通过符号和表征对象之间的相似点来代表对象。标志符通过符号和表征对象之间的存在关系来代表对象。符号和表征对象之间具有某种客观的因果关联,比如烟是火的标志、脚印是有人来过的标志。象征符通过主观规约或法规手段,用直观形象或具体事物来代表抽象的客体,比如红色象征革命、玫瑰象征爱情。

象似符又可以分为映像符、拟像符和隐喻符。基于Hiraga的阐述,这三种象似符的特征可归纳如下:映像符是对事物特征的一种简单模仿,符号和表征对象之间是一元的感官相似,如照片、画像和风景画等。拟像符包括地图、模型等,是一种二元的、结构性的或关系性的类比,呈现出和表征对象结构上的抽象类似。符号通过自身组成部分之间的关系来类比性地表现表征对象各个部分之间的关系。隐喻符是根据能喻和所喻之间的相似点所采用的一种语言符号。除了符号和表征对象之外,隐喻符还涉及另一事物,即与符号表征对象之间存在相似之处的事物。隐喻符表征对象与另一事物之间的相似之处主要依靠人们的联想建立。

作为一种符号系统,语言也体现了这三类象似符的特征。映像符在语言中表现为象形文字和拟声词。拟像符在语言中表现为语言符号之间的关系和概念结构之间的关系存在类比模拟,如语符成分的距离与概念成分的距离相符合,语符单位排列顺序和思维顺序、文化观念相对应,语符数量、复杂程度和概念数量、复杂程度相一致。隐喻符在语言中体现为词汇意义从一个认知域到另一个认知域的隐喻性转移,即词汇的原义通过体验感知衍生出隐喻义。在这三类象似符中,符号和表征对象之间的相似程度从映像到拟像再到隐喻逐步降低,而所涉及的认知活动和认知努力则逐步增加。本节将语言符号的象似性分为镜像象似性、模拟象似性和隐喻象似性,以此来探讨英语词汇语音象似性的认知表征。

二、英语词汇语音象似性的认知表征

语言是一种关系系统。在词汇层面,这种关系表现在词汇的能指和所指之间,或者说词汇的语音和意义之间存在组合关系,这种组合关系依赖于人们的认知加工,体现为联想关系。如果这种组合或联想关系是自然的、有理据的、可论证的,那么就可以说这种关系具有象似性。简言之，词汇语音象似性指词汇语音和意义之间存在某种自然联系。按英语词汇语音象似性编码复杂程度和解码努力大小的不同，英语词汇语音象似性可进一步分为镜像语音象似性、模拟语音象似性和隐喻语音象似性。

（一）镜像语音象似性

镜像语音象似性指词汇的语音通过人们的听觉认知与客观世界中的声音镜像对应，词义则源于与该声音相关的事件、动作或行为。从某种意义上说，一些词汇语音和表征对象之间的关系犹如象形文字和表征对象的外形一样，是一种简单的模仿。这些词汇的语音和表征对象基本对应，有时甚至完全一致，具有一元性。人们不需要进行复杂的认知加工，就能感知到词汇语音与表征对象之间的相似之处。镜像语音象似性主要表现在整词、字母组合和字母三个方面。

1. 整词

一些英语词汇是通过整词模仿各种声音构建的。例如，模仿人的声音，相关词汇有 ah（啊）、aha（啊哈）、ahem（呃哼）、eek（咦）、giggle（咯咯地笑）、hey（嘿）、mmm（嗯）、oh（哦）、tut-tut（啧啧）、wow（哇）等。再如，模仿各种动物的叫声，相关词汇有 bleat（咩咩叫）、cheep（吱吱叫）、coo（咕咕地叫）、croak（呱呱地叫）、miaow（喵）、quack（嘎嘎叫）等。

2. 字母组合

英语中的一些字母组合也是通过模仿各种声音构建的，这些字母组合同样体现了镜像语音象似性。例如，"sl" 的发音 [sl] 与事物在光滑表面快速移动时发出的声音相似，因此含有 "sl" 的词汇常具有 "滑过" 的意义，相关词汇有 slip（滑倒）、slither（滑行）等。再如，"gr" 的发音 [gr] 与动物被激怒时发出的声音相似，因此含有 "gr" 的词汇常具有 "沉闷不快" 的意义，相关词汇有 grouse（抱怨）、grudge（怨恨）、angry（发怒的）等。又如，"ump" 的发音 [ʌmp] 与沉重的撞击声相似，因此含有 "ump" 的词汇常具有 "沉重移动" 的意义，相关词汇有 clump（以沉重的脚步行走）等。

3. 字母

英语中的一些字母与各种声音之间存在简单的模仿关系。例如，字母 "p" 的发音 [p] 与事物的破裂声相似，因此含有 "破裂" 意义的词汇常带有字母 "p"，相关词汇有 explode（爆炸）等。再如，字母 "r" 的发音 [r] 与在事物表面刮擦时发出的声音相似，因此含有 "从表面擦过" 意义的词汇常带有字母 "r"，相关词汇有 erase（擦掉）、rub（摩擦）等。

（二）模拟语音象似性

模拟语音象似性涉及词汇的发音特征和表征对象，它们之间的象似性较为复杂，在构建过程中滤除了一定的现实音响成分，具有关系性和结构性。人们需要付出一定的认知加工努力才能感知到词汇语音和表征对象之间的类比关系。具体而言，模拟语音象似性主要表现为词汇的发音特征模仿表征动作状况、事物状态，具有二元性，体现了词汇的发音特征和概念结构之间的一种间接对应。例如，yawn（打哈欠）的发音 [jɔːn] 和人们打哈欠的声音之间基本不存在听觉上的相似关系，但其发音口形模仿了人们打哈欠时的口形特征。英语词汇的模拟语音象似性主要表现在声音的大小、缓急、畅塞和清浊四个方面。

1. 大小

声音的大小与口腔开合程度和发声力量大小有关。一般而言，张大嘴巴用力发出的声音为大声，反之则是小声。大小模拟语音象似性表现为，具有"大"意义的词汇常含有发音时口腔张大且用力较大的音标，如 large（大的）、vast（巨大的）中的 [ɑː]；而具有"小"意义的词汇常含有发音时嘴唇扁平且用力较小的音标，如 little（小的）、tip（小部件）中的 [i]。

2. 缓急

声音有舒缓急促之分。缓急模拟语音象似性表现为具有"缓慢"意义的词汇，如 slow（缓慢的）、loosen（使放松）等大多含有发音持续时间较长的双元音或长元音；而具有"迅捷"意义的词汇，如 quick（快的）、rapid（迅速的）、hurry（匆忙）等大多含有发音急促的单元音。

3. 畅塞

一些英语音标的发音流畅，而一些音标的发音却受到一定阻塞，发音较为费力。畅塞模拟语音象似性表现为，具有"流畅"意义的词汇常含有发音流畅的音标，如 fluent（流畅的）、smooth（顺利的）中的 [uː]，其发音特点为双唇略成圆形，牙床近于半合，舌尖不接触下齿，自然流畅；而具有"阻塞"意义的词汇常含有发音受到一定阻塞的音标，如 block（阻碍）、plug（堵塞）中的爆破音 [k] 和 [g]，其发音特点为先将舌后部抬高紧贴软腭，使气流通道完全阻塞，然后气流冲破这一阻塞，爆破而出。

4. 清浊

清浊模拟语音象似性主要表现为，具有"清脆"意义的词汇发音中往往含有爆破音，其发音特点为气流在最后冲破阻塞，爆破而出，声音清脆，相关词汇有 crisp（脆的）等；而具有"含混"意义的词汇常常含有发音含糊的舌边音 [l] 以及鼻音 [m] 和 [n]，相关词汇有 muffle（使听不清）等。

（三）隐喻语音象似性

隐喻是人类的一种重要思维方式和认知手段，其本质是根据一类事物去体验和理解另一类事物，即在两个语义域之间通过某种抽象图式类比的方式，将一个词汇从一个语义域（源域）运用到另一个语义域（目标域）。隐喻语音象似性涉及三个因素，即词汇语音、表征对象和另一事物，具有三元性。另一事物和词汇语音本身既不是直接的镜像映照关系，也不是间接的模拟对应关系，但和词汇语音直接相关的事物之间存在某个（些）相似点。这种相似关系是潜在的、隐蔽的，是说话者基于心理感知相似而建立的，人们需要付出一定的认知加工努力才能理解，如例（1）：

（1）George was a creaky, lanky, doubtful sort of fellow.

"creaky"指"嘎吱嘎吱"的响声，与之搭配的事物一般是破旧的木门、木地板、木楼梯、木椅等。在例（1）中，为了展现乔治颤颤巍巍的老迈形象，说话者将"creaky"的语义从事物域映射到人物域。人们需要进行一系列的解喻推理才能理解这一表达：首先，人们对此语言表达尝试解码并感悟到隐喻的存在。"creaky"常用于描述破旧木制品的响声，因此"creaky fellow"属于语义偏离或非常规搭配。然后，人们会构建相关事件框架，并建立内部关联。人虽然不能够发出"嘎吱嘎吱"的声音，但可能由于年老走路时动作迟缓，颤颤巍巍。经比照分析，人们会发现破旧木制品的摇摇晃晃和老人因年老走路时颤颤巍巍之间具有相似关系。最后，人们依照生活常识和调整后的语境，对例（1）中的语义偏离或非常规搭配进行认知加工，确定语义。

隐喻语音象似性主要表现为通感隐喻，即表示听觉的声音词汇往往用于描述其他感觉，如例（2）：

（2）The wallpaper clashes with the carpet.

例（2）中的"clash"原指金属的撞击声。为给人们留下强烈的感官印象，说话者将"clash"的语义从听觉域转移到视觉域，表示两种色彩、图案或风格迥异的事物之间的不协调、不匹配。此外，一些英语字母组合的发音也存在通感隐喻，如"gl"的发音[gl]从听觉域运用到视觉域，表示闪耀的或移动的光线，相关词汇有 glare（刺眼的光）、gleam（闪烁）、glisten（闪光）、glint（闪亮）等。

英语词汇语音与意义之间存在一定的象似性，人们或采用词汇语音直接映照表征对象，或通过词汇发音特征间接模拟表征动作状况、事物状态，或基于心理感知相似来拓展词汇意义。英语词汇语音象似性既体现了人们造词时的求简模仿心理，也体现了语言使用的经济原则。探讨英语词汇语音象似性，不仅可以窥见英语民族先民构建词汇的方式，在一定程度上追溯英语词汇的始源，而且可以在词汇语音和意义之间建立理据关联，有助于学习者更为有效地建构目的语的心理词库。

第五节　英语语音教学的智能工具

早在19世纪末，语言老师就开始寻找应用新的录音教学技术。1918年，Clarke认为"在语言教学中使用对讲机，这并非创新……而最终被遗弃，是因为它使用麻烦"。今天，可用于辅助语言教学和发音的先进技术工具非常多，研究者也积累了足够的证据证明技术在发音教学中的有效性。很多教师希望能有效开展语音教学并指导学生完善发音，那么有效选择技术工具显得尤为重要。用于课堂的语音教学工具需要满足以下需求：（1）提供发音模型。学生需要听到独立音位、单词、短语甚至更长的有意义的语音单位的发音示例，为教师传统教学提供辅助作用。（2）记录学生的发音练习，帮助他们发展自我纠正的能力，这将有助于增加学生的学习动机和兴趣。（3）收集并回应学生的录音。教师通过技术工具对学生的练习提供反馈意见，可以极大简化过程，减轻教师的负担。（4）提供独立发音练习。

一、提供发音模型

在对音位和单词进行教学时，老师的示范非常重要，如果能够通过录音、视频或矢状截面图的方式，展示声音是如何产生的，学生将可以更轻松地理解发音机制，提高识别能力，而不是传统的只听见声音，看到嘴唇的变化，不知道嘴里的发音器官发生了什么变化。目前国外能够提供这一模型的有 Sounds of Speech、The Phonetics 和 You Glish。国内相对较为单一，目前高校用得较多的是 FIF 口语训练系统。

（一）提供音位和词的模型

1.Sounds of Speech

这是由爱荷华大学动画组所设计，提供美式英语、西班牙语和德语中每一个元音和辅音的发音动画、视频，以及重要特征描述。Sounds of Speech 是发音展示最为有名的网站，对于以英语作为第二语言的学习者来说能够提供帮助。目前该项目提供网站和 APP 的服务。网站为 http：//h-s.sounds of speech.uiowa.edu. 由于 Flash 宣布自 2020 年 12 月后不再提供服务，故依赖 Flash 的网站也将于 2020 年底停止使用，只有 APP 仍然提供英语服务（需支付费用），有英文、西班牙文、汉文和韩文的文本解释。苹果和安卓系统均可安装。

网站和 APP 包括元音和辅音的动画矢状截面图、声音产生方式步骤说明、说话者发声视频以及示例词等。元音下分单元音和复元音，其中单元音又进一步下分为前元音、央元音、后元音。辅音根据发音部位、发音方法、清浊等路径设置。用户可以点击需要的音位，查看发音动画，或者选择逐步描述的方式来了解这一音位；同时可以点击右侧查看真人发音唇位，收听包含这一音位的例词发音。

2.The Phonetics

这是由东京大学外语研究团队创建的应用程序，包括三维"线框"样式的发音动画和发音过程的描述。与 Sounds of Speech 不同的是该应用程序不包含真实讲话者的视频，但能提供较为丰富的例词和最小配对发音动画，且能提供易混声音的查询。用户可以选择不同性别的录音，并且可以调整播放录音速度。Phonetics 仅适用于 Apple 设备。这一程序的功能类似在线词典，如 Merriam-Webster、朗文当代英语在线词典等，当学习者想自己检查一个新单词的发音时，这些功能特别有用。

3.You Glish

You Glish（http：//youglish.com.fafu.vpn358.com/）是一个免费网页，充当自然语境词典，通过搜索 YouTube 等资源，提供所选单词或短语在自然语境中的发音示例，弥补单词和真实话语之间的鸿沟。在该网页中搜索，YouGlish 会找到包含该单词或短语的视频。视频默认设置开始时间为包含所选单词的稍微靠前位置，用户可以选择仅收听包含该单词的视频或整个视频。用户可以设定使用英式英语、美式英语和澳大利亚英语搜索，屏幕中提供字幕，以及常速、加速或慢速等模式。由于需要 Youtube 这些资源，境内用户使用不是很方便。

（二）提供连续发音模型

自动语音识别（ASR）技术旨在识别语音，并将其转换为书面文本，这一过程也称为"语音到文本"。使用 ASR 的一个假设是，如果学习者的语音转录大体准确，说明该学习者的发音较为准确；如果转录的文本存在很多错误，则说明学习者的发音不标准。目前，在使用 ASR 进行独立发音练习方面已经取得了积极成果。当学习者使用 ASR 却发现系统没有出现预期的单词时，会意识到可能引起错误的领域，并尝试调整其发音，直到所转录的文本更为准确。McCrocklin 指出，ASR 的独立练习可以提高学习者的自主性，因为它"允许学生在安全、私密的环境中尝试该语言"。

此外，还有网站专门收集英语学习者的视频和音频，如 English Central（http://h-s.www.englishcentral.com）和 Voicetube（https://www.voicetube.com），都提供带有字幕的多样化主题的剪辑选择，并且能够记录用户对视频的模仿。Voicetube 是免费的，而 English Central 有免费版和付费版，其许多功能仅适用于"高级会员"。国内也有类似的网页和 APP 可供用户录制音频和视频来练习，如流利说、趣配音、FIF 口语训练系统等，能提供听力服务，用户可以多次录制自己的声音；同时也能根据练习者语音进行系统评分，根据准确度用不同颜色来标记。其中 FIF 口语不仅能用于自己练习，也可通过组建班级的形式由老师布置任务，监控学生表现，给予反馈。

在众多可供选择的工具中，教师和学生都需要考虑自己的喜好和现有水平等，英音或者美音，速度、主题等是否合适，是否根据音、词重音、语调、连续音等反馈。有条件的还可以考虑学生母语背景，根据母语和目的语之间的差异来合理选择工具，有侧重地教学。

二、记录学生发音练习

作为语音练习的一部分，学生通常会被要求记录自己的声音，目的有二：一是听并分析音频，提高听力水平和自我纠正能力；二是提交录音给老师反馈。磁带录音机已成为历史，电脑和手机等设备均提供音视频录制功能，如适用于 Mac 的 QuickTime Player、适用于 iPhone 的语音备忘录以及适用于 Android 设备的许多免费录音应用程序、EV 录屏软件等，声音录制已经非常容易。

除了提供音位和单词发音模型外，现有技术同样能提供真实语境中连贯用语模型。国外有诸如 TED Talks（http://www.ted.com）、国家公共广播电台（http://www.npr.org）、英国广播公司（http://bbc.co.uk）、YouTube（http://youtube.com）等非常多的在线资源；国内资源也相对较为丰硕，如可可英语可以提供听力资源，有网页和 APP 两种形式，且收集的多为境外资源，提供标准语音，速度可调整，提供字幕。这些网页 APP 可以使练习者听到多种语音模型的标准音，提高他们理解多种英语的灵活性。

学习者可以结合图片、单词、声音等进行有目的的发音练习。这些工具包括我们常用的 PPT、Apple Keynote、Adobe Spark、Voki、Puppet Pals、Fotobabble 等。当然，"互联网 +"时代，手机、IPAD、电脑等均可以用图片、音视频等记录后再转发，发音练习更为便捷。

在 PowerPoint 和 Keynote 中，用户都可以记录旁白或导入在其他位置存储的声音。可以使用原始程序查看成品，也可以将其导出为视频以简化共享。Adobe Spark 与 PowerPoint 和 Keynote 相似，但界面更简洁和友好，用户可以快速入门，提供大量图纸和背景音乐选择，也可添加照片，视频剪辑，添加文字，录制旁白，在网页或者 APP 即可轻松制作幻灯片，同时还可以下载为视频。提供网页（http：//h-s.spark.adobe.com.fafu.vpn358.com/）和 APP 服务，均免费。网页版不受限制，但是 APP 目前仅限于 Apple 设备。Adobe Spark 下分为 Spark Post（创建社交图形）、Spark Page（将文字和图像转变为网页）和 Spark Video（创建短视频）。

Voki 也提供网页（http：//www.voki.com）和 APP（Apple 或 Android 设备均可）服务，有免费和付费之分，付费版本提供更多选择和更长录制时长。在 Voki 创作面板，用户可以选择"头像"，更改其外观和服装，然后通过录制自己的声音添加旁白，或通过模拟语音读取脚本，选择背景，然后分享成品。Voki 更适合希望制作短教学视频的老师和需要向他人展示或讲述故事的用户。

Puppet Pals，如其名字所示，是一款儿童友好型 APP，但是仅适用于苹果设备。用户可以通过选择字符和背景，四处移动字符并为他们录制对话来进行"木偶表演"，还可以导出为电影。其基本程序免费，用户可以购买额外的字符获得更多服务。

Fotobabble 提供网站（http：//www.fotobabble.com）和 APP（只支持苹果手机）服务，用户可以上传照片，记录评论，并通过电子邮件、短信或社交媒体共享，进而记录口语，进行发音练习。这一工具不仅可以帮助学生练习语音，同时可以创造性地表达自己的想法。教师还可以用来开发教材，解释课程内容，或为学生模仿提供发音模型。

三、收集并回应学生的录音

教师要指导学生识别发音错误，并尝试使其发音更准确，反馈是其中一个很重要的方法。目前常见做法是学生通过电子邮件（国外）、QQ、微信（国内）等方式将音视频发送给教师，教师再通过下载收听，并给予相应的反馈。如果学生较为集中的在某一个时间段发送，教师给予反馈的周期可能会比较长，学生可能甚至已然忘记当初自己的录音，且受网速影响，发送音频顺序可能与接收顺序不一致，因而影响反馈的效果。

教师可以使用一些工具来降低工作负担，如学习管理系统（LMS）、Canvas、Moodle 或 Blackboard 等，学生可以把音视频上传到中央服务器，教师无须下载即可通过书面或者口头反馈。通过设置，教师可以选择只对教师开放权限，或者让所有人都参与同侪互评。如果学校没有购买 LMS，教师还可以考虑用 Schoology（http：//h-s.www.schoology.com.fafu.vpn358.com/）来创建自己的网页。在这一网页中，用户可以上传音视频，或者提供链接，就可以进行录音练习，教师用文字或者语音回复进行点评。此外，如果教师希望通过展示图片，获得学生包括文本、音视频等评论，可以用VoiceThread（http://voicethrea.com.fafu.vpn358.com/）这一免费网页。老师可以上传图片或视频到该网页，学生登录后可以上传文本、音频或视频对图片或者视频进行评论。老师上传的待评论图片或视频出现在屏幕中间，学生的评论以图标的形式出现在图片周围，老师单击图片就可以听取学生的评论并给予反馈。此外，学习者还可以用诸如超星学习通软件（有网页和APP，有些功能需要两种方式的配合才能完成）布置任务，让学生根据要求上传音视频，教师再给予反馈，并根据学生的表现来进行综合给分，由系统记录成绩。

四、提供独立语音练习

通过音视频记录自己的发音，还能和同侪共享，这比仅仅提供给教师进行反馈更能促进学习者的动机；同时学习者可能为了使更多听众能听懂，会反复操练完善练习。

自2011年苹果推出Siri以来，ASR功能已成为内置功能。目前，电脑和手机等移动电子设备等均有ASR服务。如果电脑（Windows 10）启用了语音识别，Word和许多其他程序中均可使用ASR。苹果电脑Mac系列（OSX Mavericks或更高版本），无须连接网络便可使用听写功能（早期版本需要网络访问）。

智能手机或平板电脑能提供ASR功能的设备要比电脑多。和电脑一样，iOS和Android设备均可分别使用Siri和Cortana听写文本和发出语音指令，与电脑不一样的是，手机还可以布置任务让学生完成语音练习，通过语音转为文本，学生可以进行独立练习。例如，教师给学生布置作业，让学生用一种ASR工具听写一段指定文本，然后将所听写的文本与原段落进行比较。通过凸显有误的词语，学生会思考自己的问题所在，如是否混淆了前后鼻音、词尾辅音缺失等。学生还可以使用这些工具，反复操练容易发生错误的地方，直到正确转写为止。

此外，google语音识别、百度语音识别、有道词典等均可以提供有限的语音练习。

通常而言，境外ASF程序默认英语母语使用者为使用对象，对于母语非英语的使用者，尤其是带有口语的使用者，识别率会受到影响，但正是这一因素，使得这些程序在二语习得方面具备价值，学习者可以通过多次练习获得机器认可，从而提高语音正确率。境内ASF程序，由于有的默认标准音为英式，有的默认为美式，有的为机器合成音，且通常无法在官方网页查询默认语音使用标准，英语学习者对识别准确率一般持较怀疑态度。

有一个专业软件Praat（http://www.praat.org）能通过频谱图、波形和音高线等对单个音位、词语、连续语音等提供视觉模型，学习者可以通过识别频谱图、波形和音高线，将自己的语音与标准音进行比较，并确定需要改进的地方。这似乎可以弥补以上网页或APP的不足，但是Praat的受众是专业研究者，而非一般语言教师和学习者，正如Derwing和Munro所指出的"阅读并正确解释声谱图需要语音方面的专业知识。因此，Praat不太可能在教室有很大的用武之地"。Imber、Maynard和Parker通过研究证明在大学口语课程中使用Praat进行发音练习的积极效果，但是也承认使用Praat

要求对教师和学生都进行广泛的培训，而这在大多数教学情况下都不切实际，因为时间成本太高，且难度系数较大。

五、运用智能工具进行语音教学的评估和总结

许多应用程序声称可以分析发音并评估其准确性，但是 Kaiser 对适用于苹果平板电脑的 105 种应用程序的其中 30 种进行了测试和比较，并于在线研讨会和个人博客——当今世界英语（http：//h-s.djkaiserphd.wordpress.com.fafu.vpn358.com/）上进行了汇报和总结。他认为：（1）没有所谓的"最佳应用程序"，可以满足每个老师或学习者的需求。与其寻找一个完美的应用程序，不如考虑哪些应用程序可以综合利用到语音教学中，使得教学更有效率。（2）许多声称可以改善发音或分析发音错误的应用程序，事实上有可能根本无法准确判断发音。在许多情况下，APP 接受不正确的发音作为正确的发音，而拒绝正确的发音。（3）大多数发音练习应用程序都是音频式可供重复练习的高科技版本，并且没有提供有效反馈。且大多数只关注独立音位，没有涉及超音段。（4）多数应用程序更多地关注外观和动画，而非教学原则。"尽管 iOS 设备中提供'程序可供'，但通常他们考虑的是怎样更容易编写程序或'销售'程序，而非更好的教学方法。"

针对以上缺点，Kaiser 建议教师在决定使用 APP 前，要考虑以下问题：（1）该程序默认标准值使用的是英式、美式、澳大利亚英语？（2）App 是否有订阅费用，是否还有隐藏费用？（3）应用程序的开发者是谁？拥有什么证书？（4）应用程序是否满足学习者的目标？（5）材料是否准确且是否试用于教学？

其他学者，如 Derwing 和 Munro 也建议教师在给学生推荐 APP 前，应多方了解，权衡比较。技术可以在发音上为教与学提供帮助，但任何工具都不可能满足所有用户的个性化需求。Derwing 和 Munro 指出："正如 CALL（计算机辅助语言学习）文献中多次重申的那样，技术不能替代老师，也不一定优于传统教学方法……我们应将技术视为其中的一种工具。"作为老师，最好的方法是选择对自己和目标学生最有效的工具，而不一定是看起来最新或最华丽的工具。工具的质量、准确性、实用性和成本等各方面因素均需要纳入综合考虑的范围用以支持教师语音教学和学生的学习。

第六节　心理语言学与英语语音教学

学习外语，语音是学习的首要内容，非学不可，回避不了。不从语音抓起，就违背了外语教学规律，……语言在本质上是由语音、语法、词汇三要素构成的符号系统……毫无疑问，语音在英语学习过程中是最基本的，也是最关键的组成部分。语音是学习语言的物质基础、是学好语言的先导、是连接语法和语篇的桥梁。人们通过语音形式感知语言成分，从而理解语言成分。词汇需要语音去识记，听说需要语音去传递。

语音可以说是语言能力的载体或外化形式。王初明从英语语音自我概念对英语整体自我概念的关系进行了研究。他认为发音准确、语音语调优美有助于打造积极的语音自我概念，使学习者增加信心，形成学习动机，铸就良好的学习心态，促进听说读写译的全面提高。

高职高专层面的学生由于各自的英语学习背景不同，英语程度参差不齐，语音则更差。针对这一现象，教学重心应首先落在解决其语音问题上。虽然他们已经学过多年的英语，但从他们对英语的掌握来看，语音面貌明显滞后于词汇和语法，并没有完全达到进入大学英语学习的要求。对一个词的掌握不是从语音练习开始，而是在读不准发音的情况下硬记下词形和词义。教学实践证明，如果一个词在语音档里是空白的，听力和阅读时就无法主动而有效地激活，也无法建立起词语和意义之间的联系，正确的途径是依赖听觉而储存在大脑中的词汇。语音意识的能力与听力和阅读能力之间存在着显著相关，语音问题直接影响英语听说，进而影响英语学习的效率。语音教学是一项非常复杂的心理语言学活动，其中也包括很多情感因素。

一、心理语言学对语音教学的启示

心理语言学是语言学的一个重要分支，是通过心理学来研究语言学的学科。心理语言学运用语言学和心理学理论及实验方法来研究语言的习得、学习和使用的心理过程，心理语言学研究的问题包括言语的知觉和理解、言语的产生、语言的获得、言语的神经心理机制、言语和思维以及言语和情绪、个性的关系等等。良好语音面貌的获得交织着复杂的生理活动和心理活动，依赖一定的心理认知基础。心理语言学对大学语音教学积极的指导意义主要体现在应该考虑学生的认知行为和认知过程，语音教学过程并非语言能力的简单反映，不仅是一个学习过程，也是一个心理过程，它涉及许多因素，特别是心理因素，因此要了解学生在语言学习过程中的心理和认知特点。在语音教学中，学生往往受到种种心理因素的影响和制约，从而降低语音学习的效果。教师要重视情感因素对语言习得的影响，应对一些学生给予特殊的注意和肯定，使他们确信只要有信心，师生双方在情感平衡状态中就能高效地取得进步。合作性的教学依赖于教师和学生能够在思想感情上达到一种默契，有利于形成学习者的健康人格。

研究者普遍认为，英语语音教学直接影响学习者的自信心和学习动力。语音教学除研究语音习得和期间的心理过程以及掺杂的思维活动外，教学的有效性还要体现在学生能够随时了解自己，形成自我概念。此外，教师对学生语音进步的肯定和阶段评估是确立学生自信心的前提，学生会在这种激励和评估中产生进一步学习的激情与动力。心理语言学的一个中心任务就是通过言语行为的观察来了解人们究竟要有什么样的语言评价能力，也就是心理学上所定义的信念系统。语言交际中让学生愿意开口说英语，就不能不考虑学习对象的心理特征。

二、当前的语音教学存在的问题及解决对策

当前的英语教学改革无论是以学生为中心、听说领先、课堂互动还是教学创新等都离不开学生开口讲话，试想学生如果语音面貌很差怎么讨论，如何进行互动？不解决语音问题，其他改革和创新只能是纸上谈兵。学生不熟悉基本的辅音连缀、连读、重音、意群、节奏和语调等，不知道读音弱化，即使是朗读，教师都很难猜出他读的是什么。此外，学生不大了解和掌握一些基本的语音知识和语音变化规则，听力课上听完幽默故事，麻木不仁，不会产生应有的情感和特定的态度，上课溜号的在所难免，睡觉的有之，逃课的有之。发音不准、缺乏语音知识，不仅令学生不敢开口，而且不能识别正确的语音形象。鉴于此，我们认为高职高专英语教学应考虑学生的实际需要，在基础听力阶段考虑基础语音知识，如音节、单词重音和辨音练习等，熟悉一些语音变化现象，帮助学习者认识一些语音的特点和规律，进行语音、口语练习，以达到运用所学到的知识提高口语、听力水平的目的。语音知识是反映英语语言中的语音、语调以及字母组和的读音规则的知识，它包含连读、不完全爆破（失去爆破）、重读、弱读、同化、缩略、省音、句子重音、语调、意群以及节奏等内容。在学生入学阶段开设语音课非常必要（时间可根据需要定），传授相关语音知识，同时注重传授应用技巧。笔者认为应重视以下几方面：

（一）纠音

在短期内矫正学生的发音，首先让学生了解每个音的构成和其发音部位。当然，在短短的语音阶段里学生只能学习初步发音，能够正确朗读并进行简单回答。

（二）训练

语音教学的实践性很强，语音训练是语音教学阶段一个重要环节，为搞好语音训练，教学安排要分阶段进行，分阶段设定和实现目标。做到计划的执行力度与学生训练的准确性相结合。只有互动性的训练才能促进和印证学生运用正确语音语调的能力。

王国维也表达过类似的意思，《人间词话》中说："诗人对宇宙人生，须入乎其内，又须出乎其外。入乎其内，故能写之；出乎其外，故能观之。入乎其内，故有生气；出乎其外，故有高致。"王国维是从美学角度立言，意思其实是一样的。

"语音是语言的物质外壳，是语言的形式体现，通过一定意义的语音形式语言实现了其交际功能"，语音学习要与听说训练相结合，做到语音学习与听说能力相互促进，同步提高。

利用考试的反馈作用，增加鼓励性为主的语音的阶段性考核与评价，因为考核评价模式对教学目标的实现具有重要的促进与推动作用。

三、营造英语语音学习环境动力

语音面貌对学生的心理健康产生了重要的影响。心理语言学中的"相互作用论"

（interactive hypothesis）又叫"中间论"。这种理论既承认语言的生物基础，又强调环境的重要性。语音教学要从学生的主观心理因素出发，保护其积极的自我形象，注重调动学生的积极情绪，情绪对思维起着催化作用，高昂的情绪能使潜能得到充分的发挥。环境动力是普遍存在的，在很大程度上影响着外语学习者的学习动机、学习投入以及学习效果。从众心理是青少年的普遍心理特征，鉴于每个学生都有想提高口语的心理倾向，要营造和创设人人重视语音面貌的氛围，满足亲密感的心理要求。

（一）发展元认知能力、产生学习动力

语音教学中，要发展学生的元认知能力（me-ta-cognitive ability），心理语言学和认知心理学都十分注重学生元认知能力的培养。要强调发挥学生积极的心理及情感。动机是学习过程中行为取向的内在驱动力，是支配行为、产生导向的一系列因素。强烈的动机可以使学习者愿意付出更多的时间和精力去学习语音知识，自觉模仿、纠正发音，唤起学习兴趣，融入学习过程，在学习中发挥最大的积极性。

（二）互动提高、树立学习个性心理

教学是一种人际交往，是一种信息交流。语音教学是一个交互性很强的积极参与的过程，师生要互相信任。此外，采用小组互助学习的方式，经常进行小组讨论，同学之间纠正发音，让学生在潜意识里对英语语音、语调有"感觉"，不至于语音发得太离谱。良好的环境动力会影响个性品质的形成，自然地生成独具个性的语音面貌。

（三）课外延伸、唤起积极的情感体验

语音课的教学不应局限于课堂。听说教学中，要有意识地培养学生的元学习能力，要强调更多的知识由学生课下学习掌握，如课外模仿、朗读、背诵等。任务定位法实质旨在借助课堂教学课外化，课外学习课程化的理念，使学习者利用限量学时和课堂学习范式，直接促使学习者语音方法的掌握与听力技巧的生成。语音的进步会产生积极的心理体验，促使元认知体验与元认知知识相互作用。

实践证明，教师不只是将语音知识比较系统地传授给学习者，使学习者树立自我概念，还要研究学生的心理因素即学生的情绪、注意力、信心等，探索克服心理障碍的训练方法，培养积极的心理体验和营造互动的环境动力。另外，语音教学的任何环节不仅与学生的专业成长有关，而且与学生的未来发展有关。因此，教师应改变仅"为语音而教语音"的观念。

第三章 英语语音教学研究

第一节 英语语音教学音位层面

在语言学习中，语音是最基础的学习内容。众所周知，语音作为语言的物质外壳，是语言存在的外部形式。学生一开始学习英语时，教师的任务是引导学生熟悉和掌握英语字母、单词和句子基本的发音规则，从而使学生对英语学习产生兴趣，并提高学生自主学习英语的能力。但是，学生进入大学开始英语专业语音学习以后，如果英语语音的学习仍然停留在初级培养学习兴趣、纠正发音的阶段，就会显得不合适。事实上，对于语音教学，部分教师在认识上一直存在一种误区，认为语音课就是纠正学生音段音位层面的发音。如果在英语语音课上只对学生进行单纯的语音正音，教师会发现在课程结束后，学生的语音水平无论是在理论上还是在实践上仍然没有提高。可见，这种教学方法存在一定的问题，既不能从理论上对学生的语音学习给予指导，也无法凸现高校英语专业相对于其他专业英语语音学习的特色，不利于高校英语专业的人才培养。如果教师能够借助语音学的相关理论，从英语音段音位和超音段音位层面帮助学生分析出现汉语化的英语发音问题，并结合实例对学生加以指导，将可更有效地提升教学效果。

一、音段音位层面

从音位学角度来看，英语在音位层面的特征表现在音段音位和超音段音位两个方面。在英语语音学习中，学生首先应掌握音段音位的相关知识，了解基本的英语辅音和元音音素的正确发音部位和发音要领，因为对音段、音位基本知识的掌握直接关系学生能否避免受到汉语母语的影响。

英语辅音根据发音方法不同可分为塞音、擦音、塞擦音、鼻音、旁流音和延续音；根据发音部位的不同，分为双唇音、唇齿音、齿音、齿龈音、后齿龈音、腭龈音、软腭音和喉门音等；根据声带是否振动，动分为清辅音和浊辅音。以英语辅音中的塞音 /t/ 为例，其发音要领为："（a）Keep the mouth open.（b）Place the tip of the tongue against the upper front teeth-ridge.（c）Stop the airstream behind the closure.（d）Drop the tongue quickly, release the air with a slight explosion and make a voiceless sound." 而在《现代英语标准发音》中，张凤桐对于 /t/ 的发音要领的描述则更为具体和详尽："The soft palate is raised so that the nasal resonator is shut off. Press the lip and blade of your tongue against the middle of your alveolar ridge.

Hold the air behind closure at the alveolar ridge. Lower the tonguetip suddenly from the alveolar ridge and let the air rush out plosively. In producing /t/, the vocal folds do not vibrate but it has an aspiration..."教师在指导学生掌握辅音 /t/ 的发音时，要特别提示学生发音时不仅是舌尖抵住前齿龈，舌边也要挨着两边的齿龈，而当气流冲破舌端和上齿龈的阻碍由口腔爆破而出的时候，舌边仍然保持和两边的齿龈相抵而不松开。而汉语拼音"t"（特）的发音则是这样的，。当气流冲破舌端和上齿龈的阻碍由口腔爆破而出时，舌边和齿龈的相抵也随之松开。这就是英语中 /t/ 的发音要比汉语拼音的类似发音听起来显得更薄、更靠前，而汉语拼音中的"t"听起来更厚、汉语味十足的原因。在塞音后面加上非重读央元音 /ə/ 的发音，将"boot"的发音错误地处理成"booter"的发音，或"cook"变为"cooker"，就是明显的汉语负迁移的实例。当然，音位作为抽象的语音单位，在各种环境里有不同的语音体现，也就是"音位变体"，而且在任何一个音位里，每个音位变体都是一个单独的语音，但任何音位变体都不会超出该语音音位在发音生理和物理方面所允许的范围，而是表现为该语音音位特质的同一性。

在元音的教学中，舌位、唇位和软腭的位置是重点，决定着元音的音色特质。通常，单元音会根据舌位被分为前元音、中元音和后元音以及闭口音、半闭口音、半开口音和开口音，或根据唇位被定义为圆唇音或不圆唇音。而双元音的发音则是由第一个元音向第二个元音滑动所产生的。对于英语双元音发音的要点，汪文珍在《实用英语语音教程》中是这样描述的："第一个音长而响亮，第二个音短而模糊；第一个音向第二个音滑动过程中没有停顿；第一个音向第二个音滑动时，不到第二个音的发音部位，即告发音结束；发音时，不产生任何摩擦。"这个描述强调了双元音中两个元音各自的发音和两个元音之间的滑动。但是，很多中国学生在双元音的学习过程中，没有注意双元音的第一个音和第二个音的具体发音部位以及从第一个音向第二个音的滑动。例如，双元音中的合口双元音 /əʊ/ 要求学习者在"发音时，由第一个音 /ə/ 的舌位向第二个音 /u/ 的舌位滑动，不到后元音 /u/ 的舌位，即告发音结束；舌位由低到高；牙床由大到小；唇型由扁平到略圆"。/əʊ/ 的发音应该是由 /ə/ 向 /u/ 的一个自然滑动的过程，而中国学生往往把这个音发成类似汉语中的韵母 ōu（发音为"欧"），所以教师在英语语音课的教学过程中应清晰地讲述相关理论，并配合练习帮助学生运用理论指导自己准确发音，避免将英语里某个音位和汉语中相近的音位混淆而导致语音发音失误，造成听话人的理解障碍。

二、超音段音位层面

音位在按照一定的语音规律排列成序时会产生词和句子等更大的语义实体，而对于超音段音位相关知识的学习和掌握，包括单词和句子的重音、音渡和语调，更是学生在英语语音学习过程中容易忽视的问题。而大部分中国学生存在中式发音习惯的英语发音问题，尤其是在超音段音位层面表现得更为明显。

（一）重音

单词的重音是教师在教学中需要学生明确的重要内容。一个英语单词如果有两个或两个以上的音节，那么就会有重读音节（stressed syllable）和非重读音节（unstressed syllable）的划分。这种重读音节和非重读音节在单词中的对立现象就是词重音。有时，对于三个或三个以上音节组成的单词往往会出现一个次重音（secondary stress），次重音的音强介于重音（primary stress）和零重音（zero stress）之间。比如，经常会有学生将 hospital 一词发音的重音后移到第二个音节，其错误就在于不能区分单词的重读音节所在的位置。

一般来说，双音节名词或形容词的重读音节在第一个音节上，而双音节动词的重读音节在第二个音节上。很多英语词汇如 record、produce、contract、increase 等，其重音音节发生变化，则表示其词性及意义也随之发生变化。例如，由于重音在第一个音节上时是名词，而重音在第二个音节上时是动词，这种情况下的语音失误就会导致表意失误或造成听者理解困难。

此外，还有部分英语复合词或词组，若重音从一个单词移动到另一个单词上，其意义也将相去甚远。例如：blackbird（乌鸦），black bird；Whitehall（英国白厅），white hall；blueprint（蓝图，设计图），blue print 等。如果重读音节在第一个音节，则该词组具有特定的含义，是复合名词；如果重读音节在第二个音节，则被视为形容词对随后的名词进行修饰的短语。因此，任何重音的误读都会引起歧义，进而对听者的理解造成误导。中国学生在学习发音时，受汉语母语的影响，只适应中文的一个音节代表一个汉字的模式，对英语中多个音节表示一个单词的模式会在发音中表现出重音对比不明或重音错位的中式英语发音特点。

在句子的重音方面，英语作为语调语言的特点，有别于汉语的声调语言。学生的中式英语常常会把英语作为声调语言来误读，导致句子重音发生变化，从而引起语法重音和相应的表义失误。很多学生习惯将英语句子中的每个单词不加区别地加以同等重音和强度，认为把句子中每个单词以及每个单词里的每个音节都应读得一清二楚，其实这是不正确的做法。在英语句子中，有实义词和虚词之分。实义词本身含有重要的词汇意义，在句子中往往具有表达和传递信息的作用，需要重读。而虚词主要具有语法功能，一般情况下不应与实义词一样重读，而应轻读、弱读。语音发音强度小，时间短，多数时候单词中的元音发生变化被弱化成非重读央元音甚至被省略掉。这种句子中，功能词的弱读式发音是纠正中式英语发音的一个关键点，也是学生感到最陌生的地方，因为汉语中除极少的字词在句中没有音调而需弱读外，几乎所有的词语都具有同样的重音。这种汉语发音和英语发音之间的差异，使学生在英语发音节奏把握上体现出明显的母语负迁移特点，从而产生中式的英语发音，需要教师在教学中对学生进行相应的训练，加以纠正。

从语言的节奏来看，英语的言语节奏是重音定时节奏，重读音节以大致相同的时间间隔重复出现，非重读音节在重读音节的间隔中出现。因此，如果句子中的非重读音节数较多，那么在有限的间隔时间内说起来必然会快而轻且含糊，否则重读音节之间的间隔时间不可能大致相等。而汉语的音节以定时节奏为特点，学生在英语发音过程中极易受母语节奏的影响，倾向于将每个音节都发得清晰响亮，从而破坏了英语的发音节奏。例如：

（1）People plant trees.

（2）The people are planting trees.

（3）The people should have planted some more trees.

这三个句子中，每个句子里的重读音节都是三个，即 people 中的第一个音节、plant 以及 trees，所以尽管句子越来越长，但节奏应该大致相同。如果学生对重读音节和非重读音节把握不对，三句话就会越说重读音节越多，所用时间越长。

（二）音渡

音渡也是学生学习英语发音需要注意的问题，词语之间要平滑无间断地过渡，语流要自然。如果能处理好音渡问题，英语发音会更加自然流畅。对于英语话语中的词语和词语之间的连读，学生往往对 r 音连读和外加音 r 的连读较为陌生。此外，当两个单词中的前一个单词以元音结尾而后一个单词又以元音开头时，两个元音中间可以在必要时加延续音作为过渡，使连接顺畅，这是学生在学习发音时难以理解的。例如：

He helped me understand why it was like that.

在该句中，发音以元音开头的"understand"受前面的单词"me"结尾发音的影响，在单词"me"和"understand"之间会出现一个延续音 /j/。因此，教师在语音教学中要注重培养学生的语音意识，使学生重视这些语音现象，避免在发音时按照中文的习惯发音，使单词与单词之间出现明显的界限。至于学生较为熟悉的语音连读现象，如前一个单词结尾的辅音和后一个单词开头的元音连读，以及语音的失去爆破、同化等语音现象，教师在教学过程中也需要帮助学生反复练习，以连贯自然地发音。

此外，还有些情况是学生受思维方式的影响，对于不同意义的词组下意识地根据汉语的思维习惯采取不同的读音加以区别对待，导致语音连读方面的失误。例如：

（1）summer view some of you

（2）stopped aching stop taking

（3）Alaska I'll ask her

（4）A bitter fruit a bit of fruit

这些词组的意义完全不同，但发音完全相同，如果没有上下文的语境，听者将无法识别听到的是哪个词组。但是，大多数中国学生会将两个对比词组念得不同，原因是他们对于语音的连读现象不适应，总觉得完全不同的词组，发音不可能相同。这时，教师应帮助学生进行思维模式转换，以尽快适应这种英语区别于汉语的语音特点，做到发音时音节之间平滑自然的过渡。

（三）语调

语调作为超音段音位的重要特征，也是学生在学习英语发音时应特别注意的。调核作为语调单位中最后一个重读音节，一般比同一个语调单位中的其他重音更响亮，是整个句子中传递信息的最核心部分，可以出现在句子中的任何一个词或短语中。句子的调核发生改变，传递的信息重点也会随之发生变化。根据不同的情况，同一个句子的调核会不同。句子调核具有语法功能，并能反映说话者的态度。而中式的英语发音里，学生往往将一个句子开头的人称代词或结尾的人称代词不加区分地一律重读，从而造成句子的调核变化产生歧义，无法正确表达自己的说话意图。例如：

We are going to change them.

正常情况下，该句子的调核应该在单词"change"上。但实际上，有学生不自觉地重读"we"，造成调核转移，给听者留下的印象是此句子意思为"我们"而不是别的什么人去改变他们。也有很多学生在发音时，倾向于将调核后移到"them"，表达的意思是"我们打算去改变'他们'"，而不是"你们"或者其他什么人。这样，句子的表意就发生了变化，从而造成误解。

学生对于英语语调中的升调、降调以及降升调的基本应用也应给予重视，加强对语调的强调功能、语法功能、语段功能和表明说话者态度的功能等基本功能的理解，并结合句子的种类和具体语境加以运用。例如：

A：How was your new teacher?

B：Well, she was kind...

对话中的 A 询问 B 对新老师的印象，B 给出的回答是以省略号结束的，就暗示了回答中有隐含的转折意义。在这种特定的语境下，对于这句看似很简单句子的处理，绝不能以一般情况下陈述句的语调处理为降调，而应在句子的结尾做一个声调处理，来表达实际语境要求隐含的语义转折。

语音的学习是一个长期过程，英语语音作为高校英语语音教学中的一门专业必修课，应引起大家的重视。英语语音教学主要以现代 RP 或普通型 RP 为基础，介于"高度可接受性"和"最低可识别性"之间，从音段音位和超音段音位等不同层面让学生在语音学习中对英语辅音、元音等音素有系统的了解和梳理，对词重音、句子重音和节奏、音渡连贯和语调各方面有较深入的了解，能运用基本的语音学概念明确区分汉语与英语在语言特点和发音规律上的不同。总之，在大学专业英语学习中，英语语音教学绝对不是单纯的纠音，而应给学生导入相应的语音知识，更有针对性地分析各种学生受母语负迁移影响产生的中式英语语音发音现象，帮助学生解决具体的发音问题，培养学生建立正确的英语语音发音意识，从而运用所学理论指导自己的发音实践。

第二节 英语语音教学中的合作学习

不同于传统的语音教学强调发音的准确性，当今的语音教学方法在强调准确性的同时更加强调语音的可理解性。因此，由教师主导的语音操练的教学模式需逐步转向以学生为主导的教学模式。在英语专业语音教学中，学生缺乏系统的语音知识准备，学习过程中如能通过相互协作，进行听音、辨音、读音和纠音的合作学习，将能提高语音学习效率，养成良好的语音学习习惯。

一、合作学习的内涵

合作学习的主要代表斯莱文教授认为："合作学习是指使学生在小组中从事学习活动，并依托他们整个小组的成绩获取奖励或认可的课堂教学技术。"美国明尼明达大学合作学习中心的约翰逊兄弟俩认为："合作学习就是在教学上运用小组，使学生共同活动以最大限度地促进他们自己以及他人的学习。"我国教育学者王坦认为："合作学习是一种旨在促进学生在异质小组中互助合作，达成共同的学习目标，并以小组的总体成绩为奖励依据的教学策略体系。"尽管学者们对合作学习的界定存在差异，但我们可以发现合作学习就是指在教学过程中，以学习小组为教学的基本组织形式，彼此通过协调的活动，共同完成学习任务，并以小组总体表现为主要奖励依据的一种教学策略。

二、合作学习模式建立的意义

基于合作学习理论，建立以学习者为主体，教师组织、参与、促进和评价学生之间组合共同完成学习任务的学习模式，从而实现生生互动、师生互动的多元化教学。

（一）学生的角色转变

学生由传统教学模式中的被动接受者转变为教学活动的主导者。传统教学模式中，学生按照老师的指导，被动地接受语音知识后，机械地进行语音训练，语音学习过程中不能发挥主观能动性，致使学生很容易失去语音学习兴趣。而合作学习模式，能帮助学生树立自主完成语音学习任务的意识，通过与小组成员的分工合作，及时发现并通过相互协助解决语音知识学习过程中存在的问题，语音操练过程中通过合作听音、辨音和纠音，学生才能真正参与到学习中，自主地完成学习任务，学会如何计划、监控和评价学习活动，从而进一步学会走向自主。

（二）教师的角色转变

教师由传统教学模式中的知识传授者转变为教学活动的组织者、参与者、促进者和评价者。教师在课堂上组织学生进行合作性小组学习，教师从宏观上提供指导，如讲解语音理论知识；在与学生协商的前提下确定每周或每学时的练习任务。有效的小组合作学习是在教师指导下的合作活动，教师既是学生学习活动的组织者，也是学习活动的参与者，教师的参与分为直接参与和间接参与。教师直接参与小组活动往往出现在教师认为活动的任务较难时和小组活动人数不够时。教师在活动中通过对各组活动进程的观察，发现任务较难时，应及时地参与到活动中去，与学生一同讨论，一同设计对话，并且率先汇报，给其他小组做出示范，以降低活动的难度。教师对小组活动的间接参与主要是以帮助者的身份出现。在小组活动过程中，学生遇到困难，教师应给予及时和适当的帮助。

（三）教学模式的转变

实现了由传统教学模式中以教师为主导转变为以学生为主导，从而实现课堂的翻转。重新调整课堂内外的时间，将学习的决定权从教师转移给学生。在这种教学模式下，课堂内的宝贵时间，可以用来共同研究解决实践中遇到的实际问题，从而获得更深层次的理解。教师不再占用课堂的时间来讲授信息，这些信息需要学生在课后掌握自主学习，教师也能有更多的时间与每个人交流。它与混合式学习、探究性学习、其他教学方法和工具在含义上有所重叠，但都是为了让学习更加灵活、主动，让学生的参与度更大。学生在课外完成知识的学习，而课堂变成了老师与学生之间和学生与学生之间互动的场所，包括答疑解惑、知识的运用等，从而达到更好的教育效果。

合作学习的英语语音课与生生互动这一交流方式充分调动了学习者进行语音学习的积极性，改变了学生单纯地以接受教师讲授的语音知识、发音技巧为主的学习方式，为学生构建了开放的学习环境，提供了充足的互动合作时间和频度，让学生在"做中学，学中乐，乐中做"，为课堂教学注入了新的活力，能够培养学生自主学习的能力、良好的学习态度和正确的语音学习策略。

第三节 英汉异同与英语语音教学

英语是一门在文化背景和语法规则上与汉语有着较大差距的语言学科，在教学英语时，教师如果能够通过分析比较这二者之间的差异进行教学，学生便能够更好地提高自身对英语这门学科的认识水平和掌握能力，这一点在英语语音教学上尤其适用。因此在教学英语语音时，教师应当尽可能地将其与学生熟悉的汉语进行比对，加深学生对英语这门学科的认知层次，全面提升英语教学的实效性，下面本节将结合教学实例对此进行详细阐述。

一、比较音位，区别发声方法

学习音位是进行英语语音教学的首要任务，学生只有在掌握了音位的前提下才能准确地搞懂每一个单词的发音。在教学音位的过程中，教师需要借助汉语中音位的相关知识，以使学生能够在区分这二者的过程中提升其对英文音位知识的掌握能力。

对于音位来说，在英语中有元音音位和辅音音位。首先，对于元音音位来说，在英语中单元音的数目是 12 个，而其中，"ɜ"和"æ"等在汉语中并没有出现过，所以学生普遍对其比较陌生，因此可能会使用一些与其具有相近的音的字符进行替代发声，这样很容易引起歧义，教师对此要尤其注意。此外，对于辅音来说，辅音分为清辅音和浊辅音，而在汉语中浊辅音只有 5 个，相对较少，所以学生对其发声方法并不熟悉，因此教师需要通过将汉语与英语中的音位对比来有效区别相关发声方法，以此全面提升学生对于这部分知识内容的理解、掌握和应用能力。

通过实施区别发声方法这种对比教学方式，学生能够在比较中更好地认知英文中音位的相关特点，这样其在进行发音和朗读的时候，就能更加准确和地道地读出相关内容，为自身英语朗读和发音水平的提升奠定坚实基础。

二、比较语调，凸显辨义功能

语调一般指的是声音的声调和旋律。这一点在英语和汉语中的表现是不尽相同的，教师在教学过程中可以通过比较英文语调和汉语语调的方式让学生更好地掌握英文阅读的相关技巧和要领，使其能更好地应用于语境语义辨析之中，促进学生英文表达能力的全面进步。

在英语中，其语调是建立在其节奏和重音的基础上的。对于某个单词来说，不同的声调并不能对其词义产生太大影响，所以对于单词来说，其并不存在一些固定的语调。但是在句子中则不然，在英语中同样一句话用不同的语调去表达，那么产生的语意可能是截然不同的，以"He isn't a doctor"这句话为例，如果将语调的重心放在"doctor"上并用降调去念，则这句话的意思强调的是"他不是医生"，如果将这句话的重心放在"isn't"上并用升调去念，那么这句话的意思是"他难道不是医生吗？"在这种情况下，不同重心和语调会导致句子具有截然不同的含义。而在汉语中，一般其不会出现这种语调随心所欲地升降的情况，所以在这种前提下，学生可能会对英文的语调不太适应，所以教师应当对此进行着重引导和加强。

由此可见，英文的语调对整个句子的影响还是很大的，所以在实际的情境交际场合中，学生需要有意识地分辨对方的语调，这样才能判断出对方真正想表达的含义。这项能力的培养可能需要学生倾注比较大的精力和心血，所以教师也需要在引导和扶持方面多做一些工作。

三、比较节奏，学会轻重搭配

在英语中，重音也是英文语音教学的一个重要方面，而对于汉语来说，一般时候人们习惯将汉语句子的谓语和宾语读的稍重一些,以显得表达方式比较"铿锵有力"。但是在英语中则不然,其在阅读节奏和轻重音的掌握上有着自己独特的特点。

比如,在阅读"I don't want to say anything"这句话时,教师就需要引导学生分清该句中的轻音部分和重音部分。对于一些概念明确的实词,比如"want"和"anything"等就需要采取重读,着重强调下相关词的词意,而对于一些仅仅起到连接作用的虚词,比如例句中的"to"一词,则需要采取轻读的策略,争取在阅读时候将其一下带过,不会给人以停留很久的感觉。这样学生就能够用充满英文节奏和韵味的语调读完每一个句子,而且有效地防止了其受汉语的影响,将每个单词读的同样重而使读者难以分清主次。

适当的节奏感能够带给聆听者更好的听觉感受,也能够提升表达者的表达水平。因此,教师应当在教学中有意识地培养学生进行发音的节奏感,使其能够轻中有重,重中有轻,在表达时候朗朗上口,节奏鲜明,使聆听者觉得其英语表达非常地道,这样学生的表达水平才能不断提升。

综上所述,借助与汉语进行比对的这种教学模式,学生能够对于英语的发声方法、轻重搭配以及词义辨析这些方面的掌握和理解更上一层楼。更重要的是,其能够因此而有效掌握英语学习的相关技术要领,这样也能够有效促进学生综合素质的提升以及学生学科素养能力的全面进步。

第四节　对分课堂与英语语音教学

语音作为语言结构的重要组成部分,一直被认为是语言学习的起点与基石,也是语言教学的出发点。语言学家 Gimson 指出:"一个人要学会说任何一种语言,必须学会其几乎 100% 的语音,而只需掌握 50% 到 90% 的语法和 1% 的词汇就够了。"与其他英语课程一样,在日新月异的教育背景下,英语语音教学在实际操作中存在着种种问题,面临着巨大的改革。而对分课堂的提出,正为包括英语语音在内的多种科目提供了一个教学改革的平台。本节从探索我国英语语音教学的现状出发,引入了对分课堂这种教学模式,在教学活动、评价机制、教材开发和预期困难等四个方面探讨将对分课堂的教学模式运用于英语语音教学的可行性。

一、英语语音教学的现状

(一)本族语仍为主要教学目标,超音段音位逐渐成为新的教学焦点

伴随着全球经济一体化,多种英语变体在全世界形成。这些变化为英语教学带来了新的挑战与思考。相关专家提出了英语语音教学模式的多种理论阐释。澳大利亚学者 Kirkpatrick 介绍了本族语模式。中国是以英语为外语的扩展圈国家,而扩展圈国家

多采取该模式。裴正薇认为，在中国，当谈起标准英语，无论教授者还是学习者，心中出现的第一个答案仍然是英国英语和美国英语，因此本族语发音仍然是主要的教学目标和学习目标，人们觉得近似本族语发音是英语学习成功的标志，因此我国现阶段的英语语音教学应坚持以 RP（Received Pronunciation）为主的本族语模式。

语音教学的两大焦点一直都是音段音位、超音段音位的教学。前者主要是音位、语素和词的正音；而后者则包括连续话语的重音、节奏和语调等内容。大多数英语教学者把音段音位的教学作为英语专业语音教学的重点。然而单一形式的正音会对学生的发音习惯产生负面的引导，机械僵硬的单词发音拼砌而成的句子听上去生硬死板，毫无自然和美感可言。杜瑞清指出，由于新的二语习得研究和教学方法的出现，英语语音的教学方法也发生了不少变化。英语语音教学者逐渐意识到，正音是必要的，但对于超音段音位所涉及的重音、语调、节奏、连读、省音和弱化等语音教学也同样不可忽略。

（二）交际性练习为主，多种教学方法并存

从 20 世纪五六十年代起至今出现了多种英语语音教学方法。其中应用较为普遍的有听说教学法和交际教学法。听说法的教学重点是训练听辨和发音的能力，也就是正音，侧重于音段音位。先听说，然后重复操练，辅以背诵等强化练习，当场纠正发音错误。从较小的语音单位到较大的语音单位练习，要一直进行到学生能自如地把语言目标模仿到精确无误的程度。而交际教学法则是将交际处于首位，与连读、重音、节奏等内容相比，单个词的标准发音就显得没有那么重要了，英语语音教学应和交际互动的学习活动和语言功能结合起来。目前，除了使用听说法和交际性练习，许多教师在英语语音教学中，开始考虑英语作为全球通用语的因素，教学重点倾向于理解，而不完全追求发音；同时，也有不少学者强调人文主义教育思想与英语语音教学的关系，提出教师要充分理解学生的情感因素和自我概念，避免当场纠正发音错误，将课堂建立成外语交流信息、发展个性、培养情感和感悟成长的场所。

（三）评估与测试标准形成新趋势

作为信息输出型的英语语音，其评估标准和测试方法一直是教学中的难点和学者们研究的重点。界内达成的共识是，语音评估中需要考量三个维度，即清晰度（intelligibility）、可理解度（comprehensibility）和外国口音（foreign accent, accentedness）。田朝霞指出，由于世界英语的出现和交际教学法的盛行，当讨论标准语音时，学者的关注点也有所改变，原本的关注点都是口音，现在人们更看重发音是否可理解和清晰，同时也强调发音在交际中是否有效；同时，基于超音段音位逐渐成为语音教学的重点，辅以计算机测试工具的发展，超音段音位特征成为客观评定口音、可理解度和清晰度的指标。有学者梳理了近年来大量实证研究文献，发现我国语音研究在测试手段上多为 AXB 和段落朗读，测试方法比较单一。

（四）教材教辅亟待更新

鉴于英语语音在教学重点、教学方法以及评估与测试标准等方面的变化，英语语音的教材教辅也应做出相应的修改和更新。教材的重点应转为连续话语的重音、语调等内容；教材中的各项练习应设法将正音和日常听说会话相结合，在帮助学生掌握正确发音的同时提高听说交际的能力。目前国内外已出版的英语语音教材数目繁多，但质量与受众参差不齐，年代略为久远，时代感不强，无法体现出英语语音教学中的新理论和新方法，更无法满足当前学习者的需求。因此，新的英语语音教材和教辅亟待更新。

二、对分课堂

对分课堂是近年来出现的一种新型的课堂教学改革模式，由复旦大学的张学新教授提出。对分课堂设计就是把课堂时间分成对等的两部分，一部分用于教师讲授课程，另一部分用于学生讨论。对分课堂执行的关键点是要把教师讲授课程和学生讨论的时间错开，教师先讲授，学生的讨论在随后一周再展开，这样就赋予了学生足够的时间去自学、理解、吸收并内化。另外，对分课堂的考核注重过程性评价。由于对分课堂主要包括了讲授（Presentation）、内化吸收（Assimilation）和讨论（Discussion）三个部分，因此也被简称为PAD课堂。在对分课堂中，教师讲授课程的时间大大缩减，这就要求教师高度凝练知识内容并合理设计学生的作业和讨论内容。一方面在授课时间上极大减轻了教师的负担，另一方面也提高了学生的课堂参与度，充分调动了学生的自主性；为了完成讨论，学生需要根据个人理解重新构建知识，这也提高了学生学习的广度。由于对分课堂更加有利于过程性评价的引入，因此更能有效观测学生的学习过程，反映学生的学习效果，并满足其学习需求。

三、对分课堂在英语语音教学中应用的可行性分析

（一）教学活动分析

英语语音教学的重点已经逐渐从音段音位过渡到了超音段音位。在超音段音位所涉及的节奏、重音、语调、同化和弱读等内容中，教师的讲解和示范固然重要，但学生的理解、模仿练习和自我纠错才是课程成功的关键。在语音教学中运用对分课堂时，教师不必事无巨细地讲授和示范，而应将基本方法、重点难点展示给学生；学生可以在"内化吸收"和"讨论"两个环节充分理解课堂内容，并结合音视频、网络等课外资源进行模仿练习。学生理解、模仿和自我纠错的时间增加了，这将更有利于教学目标的实现。

同时，对分课堂模式有助于交际教学法在英语语音教学中的应用。交际教学法注重发音在交际中的作用，注重通过改善语音提高学生的听说能力。传统语音课堂下，教师讲授示范后多为学生独自模仿练习，改善语音的过程几乎与交际无关。而对分课

堂的"讨论"环节将语音练习平台放到课堂上，学生相互协作共同练习，在讨论交流中锻炼听说表达能力，教师亦可通过答疑等形式参与讨论。总体而言，生生互动、师生互动都能得到提高，改善语音的同时也提高了学生的听说交流能力。

最后，许多学者依据 Krashen 的情感过滤假说（Affective Filter Hypothesis），指出学习效果会受到学习者情感因素的影响，这种影响可能是积极正面的，也可能是负面的。因此教学者越来越注重情感因素在教学中的作用。在对分课堂模式下，学生被赋予更多的时间进行小组讨论，相比师生互动而言，学生的焦虑感会有所降低；而讨论中同伴的认可也有助于学生自信心的提升，进而促进学习效果。

（二）评价机制分析

目前我国的英语语音教学中所采取的测试和评价手段比较单一，评价的标准从口音逐渐转向清晰度和可理解度，并强调交际的有效性。在对分课堂模式下，终结性评价所占的比重已经降低，而过程性评价成为该模式的"新宠"。由于过程性评价的深度引入，多元评价标准的体系更易构成，有利于教学者对学生的学习过程实时监测，并调整教学方法和手段，从而提高学生的学习效率。因此，对分课堂模式更有利于英语语音教师开展阶段性评价，在不同的评价阶段使用不同的测试手段，如听辨、听写、对话、模仿等，以提高评估的准确性。另外，由于对分课堂强调生生互动，学生交际的比例增大，因此有利于教师观测学生交际的有效性，使清晰度和可理解度成为主要测试标准变得更加可行。

（三）教材开发分析

一方面，英语语音教学的诸多方面都在发生巨大的变化，现有语音教材无法完全体现新变化、顺应新趋势，需要进行一定的修改，教学者也期待能有新的教材出现。而另一方面，对分课堂作为一种新兴的教学模式，被广泛地应用于各个层面和专业的教学时，配套的教材教辅就成为其发展的必要条件之一。目前市场上已经出现了几本关于对分课堂理论介绍的书籍和其在若干领域应用的指导用书，但是将对分课堂应用于英语语音教学的用书还是空白。因此，通过对分课堂应用于英语语音教学实践，弥补语音教材编写的部分空缺，也为对分课堂的进一步发展提供了空间。

（四）可能存在的问题

第一，对分课堂实施的关键点之一是在讲授阶段保证教师能够高度凝练地构建课程框架，讲授知识梗概，同时不与学生产生任何互动，所有的互动要留待学生内化吸收后在讨论阶段进行。然而，英语语音作为一门技术性课程，即使在英语专业的教学中所涉及的理论讲解也不多，课堂的进行更多是通过演练支撑，因此，讲授阶段的零互动较难实现。这就需要教师进行更加巧妙的课堂设计，这样才能保证讲授和讨论阶段完美结合，发挥各阶段的最佳效果。第二，对分课堂增加了学生课堂交际的可能性，给了学生在交流中改善语音的机会，然而这种新型的教学模式仍无法解决我国高校外语专业课堂中人数过多的问题，教师无力纠正每个学生的发音。关于音段音位的正音虽然已不再是语音教学的重点，但它仍是英语语音中不可或缺的基础。学生也许能相互判断发音是否完美，却很难准确指出对方的错误点并为其提供分析性的解决方法，缺少了教师及时发现错误的机会，容易导致学生错误的重复出现。因此，如何提供有效的反馈也是将对分课堂应用于英语语音教学中可能出现的问题之一。

本节简要分析了英语语音教学的现状，发现语音教学在教学重点、教学方法、评估和测试，以及教材教辅方面都正发生着一定的变化。而对分课堂作为一种新兴的和普适性的教学方法，目前广泛运用于包括外语教学在内的各个教育层面。通过分析教学活动、评价机制和教材的开发，同时客观指出可能存在的问题，笔者认为对分课堂可以应用于英语语音教学。这将顺应英语语音教学诸多方面变化的新趋势，提供新的语音教学思路，也能进一步推动对分课堂的发展。

第五节 英语语音教学策略探究

英语是一门重要的学科，语音教学是对学生教学的启蒙教育内容之一，教师应为学生创造一个良好的学习环境，为以后的英语学习打下良好的基础。学校以及教师应对教学策略不断地研究，逐步完善语音教学模式，采取科学合理的教学策略，确保英语语音教学的有效开展。

英语学习主要是由三部分组成，即语音、语法以及词汇。在小学阶段，学生的年龄较小，识别能力较差，26个字母与汉语拼音很容易混淆。因而，在三年级开始阶段教师需要及时地开展26个字母认读教学，还应对单词在文中的发音进行有效的教学。在低年级教学中，教师应把握拼读的方法，按照拼写确定读音的技巧，引导学生进行朗读，让学生跟着教师模仿。当前英语教学中应重视英语语音教学，音标的掌握是英语学习的重要环节，学生没有掌握音标，将会影响语音学习。英语语音教学主要包括字母、音标、语音以及朗读等内容，积极地开展英语语音教学，对学生以后的成长具有重要的促进作用。

（1）重视字母的教学。在语音教学的过程中，要遵循循序渐进的教学原则。学生应仔细地听教师是如何进行字母发音的，教师应引导学生加强读说练习，加强学生的字母发音训练。教师应确保学生的发音准确，还应注意观察学生的发音口形。以小学三年级英语课堂为例，小学三年级学生需要掌握26个字母的发音，并应重点练习辅音字母的发音。教师应加强学生对字母与单词的认读，为学生设计提问的方式。例如，可设计一组BV、TG、FM、RI、MH等等，让学生判断给出的各组字母是否含有相同音素。还可以为学生设计写出与所给字母相对应的大写或者小写字母，比如A（a）、B（b）、C（c）这样的形式，加深学生对字母的认识。

（2）做好英语单词教学工作。教师在教学语音的过程中，是以单词为基础来开展教学的，教师在课堂中需要全面为学生讲解单词的含义，并且重视单词的发音训练。例如，教授小学英语三年级下册MODULE7一课时，在进行单词的讲解中出现了季节，spring、summer、autumn、winter等，教师需要为学生解释这些单词的意思，应采取结合课文语境或者为学生设立情境的方式来进行。而在发音问题上，以spring为例，其s后弱音强化发重音b，r前元音卷舌，ring后拖长鼻音。教师应加强英语单词教学，使学生能够牢牢地掌握单词，为以后的英语学习打下良好的基础。

（3）开展趣味性教学。英语课堂中要经常开展趣味性教学，结合学生成长阶段的特点，开展趣味性教学能够激发学生的学习兴趣，提高学生的学习积极性。设置的具体环节如下：第一环节为读单词，把学生划分成若干个小组，教师制作单词卡片，让学生按照要求的时间举手抢答，首先举手的学生朗读单词，然后说出词义，实行计分的方式，得分较多的小组教师为其发放奖励。第二环节为训练音标，教师将这节课要学习的音标知识写在卡片上，分给各个小组，每组派一个学生参与，教师说出一个音标，学生应举出卡片，举得快且正确率较高的组获得加分，得分最高的小组受到表扬与奖励。第三环节为摘果树，教师在黑板上贴出一张果树图片，图片中每个果子都写有一个单词，然后组织学生将树上的果子按照元音单词放在一起，谁放得快且正确谁获胜。第四个环节为找元音，教师制作元音音标卡片，给每一个小组发放一张卡片，比如apple，每个小组卡片上有[æ]音标的学生应迅速地站起并朗读出音标，读得准确且反应快的小组加分，最终获胜的受到奖励。根据这个英语课堂案例得出，趣味性教学对于学生展开语音教学具有重要的作用，提高了课堂教学的效率。

（4）及时进行总结。教师应对语音课堂教学进行及时总结，为学生合理地安排习题，加深学生的记忆，巩固学生的知识。习题的设置应具备合理性、规范性和创新性，不能一成不变。某课堂语音教学案例中，比如在学习"b"的发音时，学生学习了book、big等单词，教师在课后总结时可以为学生举出相应的单词，在学习的过程中学生会下意识地将这些单词进行对比，这样就可以逐渐地了解单词发音的特点，更好地进行语音学习。

（5）加强多媒体的应用。教师在开展英语语音教学的过程中应加强多媒体的应用，改善传统的教学方式，提高学生的学习积极性。语音学习本身就枯燥乏味，影响课堂教学的效率，如果通过多媒体为学生呈现出视频以及动画，就能够使得音标教学更加直观，激发学生的学习兴趣。学校以及教师应当重视多媒体的应用，学校应全面覆盖多媒体设备，为学生进行有效的语音学习做好准备工作。

综上所述，英语语音教学是英语学习的基础内容，教师应当加以重视。要完善教学模式，采取有效的教学策略，重视字母教学，做好英语单词教学工作，实施趣味性教学，加强多媒体的应用，提高学生的积极性，从而提升语音教学的质量，促进英语语音教学的发展。

第六节　以成果为导向的英语语音教学

　　现如今全球化进程逐渐加快，世界各国之间的经济、科技、文化、医疗卫生等各方面的交流越来越多，英语作为国际化通用语言，是各国学生必须掌握并熟练应用的一门语言。英语教学涵盖了听、说、读、写多个方面，其中，英语语音教学主要是针对英语口语的训练，其主要任务是在传授学生语音基础知识的同时，让他们养成良好的发音习惯，从而能够在口头上更好地应用英语。成果导向教育被公认为是世界范围内追求教育结果的有效理念，也是课程设计和教学改革的主要理论依据。如何提升学生的专业英语水平，培养英语专业相关的创新优秀人才，也与教育方法密切联系。

一、英语语音学习的重要性及我国语音教学现状

　　英语作为我国绝大多数学生的第二语言，无论是在升学考试中，还是在以后的工作、学习中，英语对学生的全方位发展都十分重要。我们学习英语最重要的目标就是将其作为促进自身未来发展或者与外籍人交流互动的工具，所以，英语语音是英语教学中最重要的教学内容，也是学好英语的基础。

　　学好英语语音不仅有助于提高英语口语水平，而且有利于促进英语听、说、读、写全面发展。口语交流本身就涉及听、说两个方面，只有熟练掌握英语语音，才能做到无障碍英文交流，提升自信；同时，英文单词总计上百万个，尽管其数量巨大，但只要掌握了英文发音及拼写之间的规律，背单词将是一件容易的事情；另外，在练习英语语音的同时还能提高阅读水平，帮助学生锻炼语感，增强理解能力。因此，学好英语的基础就是掌握正确的语音规则，英语教师应该重视语音教学，以促进学生学习和发展为目标，努力构建科学的英语语音教学模式。

　　我国在过去的几十年里，一直都很重视学生的英语学习，将其列为中考、高考、考研等重要升学考试的主要科目，但是传统的英语教学更重视学生的应试能力，一般都是以笔试形式开展，着重训练学生的读、写、听的能力，忽略了语音教学的重要性。近些年来，这个情况已经有所改善，语音教学逐渐被英语教师和家长重视起来，然而仍然存在一些问题。

二、以成果为导向的教育内涵

　　成果导向教育理念最早出现在1981年的美国，核心内容在于重视预计的教学结果、教学活动和结果评价之间的关系，教学活动的重点在于学生能够学到哪些知识，而不是教师如何教授知识。教学评价环节，采用多种真实性评价方法，努力让学生展开自我反思，不断发挥自主能力和主观能动性。以成果为导向，重视学习成果，力图让所有学习者都能获得成功，相应的课程体系设置需要符合学生的实际要求，基于学生的

认知能力和水平，选择最接近学生的教学内容。因此教师需要了解以下几个方面的内容：教学预期结果是什么？学习结果的目的有哪些？如何评价教学结果？

我国以成果为导向的教育起步时间较晚，和教育实践工作相结合的研究数量也比较少，因此还需要从改革的理念、原则和改革方法多个方面展开讨论分析。

三、以成果为导向的英语语音教学理念

英语语音教学应该集中在课程教学设计和教学模式改革两个方面。成果导向教育重视的是以学生为主体的结果产出，以学生为中心明确课程目标和教学活动安排，突破传统的知识本位限制，重视学生本位。具体来看，英语语音课程直接影响学生语用能力的培养，所以课程目标需要以学生的学习结果为依据，让教学内容符合学生的认知需求。在教育活动的安排上可以让学生主动参与学习过程，并为学生营造良好的学习环境和学习氛围，以多样化选择符合不同基础学生的需要。在评价方面基于学习成果，重视多元化评价。在确定英语语音教学目的后，展开相应的教学实施，也符合语言认知的规律，具有重要的理论指导意义，能帮助学生更好地实现学习目标。

四、以成果为导向的英语语音教学原则

（一）聚焦教学目标

成果导向下的英语语音教学应该遵循的首要原则在于聚焦教学目标，以此为基础促进学生的能力发展。具体来看就是明确学生能力需要达到什么水平，如何用学习成果来衡量他的学习层次。教师作为教学改革的实施者，开展英语语音教学需要清楚学生的成果目标。如教学内容包括单音、语调教学，而语调教学中又包含了句子的重音、节奏区分、声调差异等。在教学的初始阶段，教师应该集中展开单音教学，将这一部分的内容作为基础性内容。学生在接触英语时，就知道英语是由声音符号所构成的。正确的语言和语调可以让学生更流利地朗读句子和课文，这一部分的内容可以放在阅读课文中进行。不论是教学设计还是教学评价，都应该以学生的学习成果展示为前提，改变以教师为主体的传统教学方法，促进教师与学生之间的沟通与交流，并展开积极有效的互动教学活动。

（二）提供学习机会

成果导向教育提倡以学生为中心，尊重学生的个体差异，给学生提供良好的学习环境。为了满足学生的个性化学习需求，可以采取小组合作的方式，让学生获取个性化的学习机会。英语语音教学的重点就是要让学生在教师的科学指导下多读、多练、多说。例如，教师可以收集一些语音材料，在学习音标时，按照事先分配好的小组，让小组成员阅读部分谚语、句子，从而用音标知识掌握学习内容，让学生达到预期的学习成果。

近些年来一些课外英语辅导班逐渐崛起，部分有条件的学生通过课外辅导能够掌

握一些英语语音学习的重点，然而很多学生可能没有类似的锻炼机会；还有部分学生没有语言学习的天赋，英语本身对他们来说就是一门非常困难的学科。针对这些特殊情况，英语教师要学会平衡差异，多鼓励、帮助在语音学习中有困难的学生，给他们多推荐一些适合英语学习的影片、音乐等。避免他们因为不敢发音或者发音不地道而产生自卑心理，更加不敢开口说英语，从而形成恶性循环。

（三）提升学习期望

对学生提供的学习，希望具有明确的激励作用，从而调动学生的主动性和积极性。通常情况下期望值越高，学习者所取得的潜在成就越大。英语本身是一种重音计时的语言，每两个重读音节之间所占用的时间大致相同，如果教师对学生的期望是获得"地道"的发音，那么学生能够在教学过程中了解英语节奏的特点，并学会正确分配句子的重音，实现错落有致。而学生也会以教师为榜样，尽力提升个人英语水平和语音掌握。

学生本身在英语水平上存在一些差异，教师在进行期望值设置时要尊重这种差异，避免给英语水平高的学生过低的期望值，阻碍他们的学习进展；更要避免给英语成绩较差的学生设置过高的期望值，降低他们对英语学习的自信。

（四）重视教学设计

传统的教育基于学科和专业设置进行划分，重视学科知识体系的系统性。实验教学设计过度重视学科成绩的需要，可能在一定程度上忽视了专业能力的要求。而成果导向教育强调专业培养目标，保障专业目标与学习成果一致。例如，在实际教学过程中，教师需要引导学生注意基本语调和声调的训练，在经过一段时间的练习后，学生也能掌握规律和语调结构，将这些知识应用于口语实践中，进一步了解英语语音表达的情感功能。在进行教学设计时，教师应该充分考虑学生的个性特征和英文语音水平，根据实际情况设计教学方案，以促进程度不同、天赋不同的学生都能在科学有效的语音教学下取得进步。

（五）提高教师综合素质

在全国庞大的英文教师团队中，语音发音准确、地道的英语教师所占数量不多。中国学生大多没有成长在双语环境中，英语对于他们来说是比较陌生的语言，虽然我国学生开始学习英语的年龄比较小，但是在经过数十年的英语学习之后，大部分学生都不能掌握英语核心能力的应用。这与中小学英语教师整体英语语音素质不高有很大的关系。要提高英语语音教学成果，必须加强英语教师队伍建设，提高英语教师综合素质和教学水平。比如，利用寒暑假对英语教师进行培训或交流会，培训的内容可涉及英语语音纠正以及如何提高学生英语语音水平等，紧跟时代步伐，提高英语教师的综合素质，从而提高学生英语综合应用能力。如果学校有条件，可以适当聘请部分外教，让学生接触到地道的英语，感受真实的英语应用场景。

五、以成果为导向的英语语音教学模式构建策略

（一）合理构建课程体系

教学工作开展的基本单元应该为教学提供有效的参考依据并确定教学内容。根据能力本位要求，我们需要构建显性课程和隐性课程相结合的体系。除了基本的语音语调需要掌握外，还应该注重学生个性化的需求，增加学生的学习机会。例如，在重音的学习过程中，英语重音分为词重音和语句重音两种类型，每个词至少有一个音节具备词重音；而语句重音则是连续的句子中被重读词接受的重音，英语节奏中的重音就是语句重音。在课程体系的建设过程中，教师应该注重不同单词在句子中的重要性调整教学方法。例如，"Can he still at school？"中的"can"为助动词，但是在这一句中要进行重读，所表达的含义是"我以为他不在学校了"。这些方面的内容在朗读训练中应该高度重视，使其成为课程体系的重要组成部分。

（二）教学策略的选择

教学策略的选择会直接影响教学成果，而教学策略也为教学工作所服务。成果导向理念下，教学内容的选择重视学生知识的建构，在教学目标和教学资源确定后，教师应该整合意义连接的学习内容，帮助学生主动构建情境，内化英语语音的有关知识。英语语音学习也是发生在一定情境下的行为，相对真实的模拟情境有助于学习有效性的提高。教师应该引导学生积极体验社会文化情境，通过不同层次的活动提升能力，服务于预期的学习目标。英语语音教学中会有很多模仿和朗读内容，学生语音基础的不同使得在教学活动开展过程中会采取分层次教学，确保教学活动和学习目标的实现。例如，在实际教学过程中，教师一般会引导学生注意基本语调和声调的训练，而对于一些能力突出的学生，教师还应该重视称呼语和插入语的朗读训练，让学生意识到这些句子的调性取决于句子中的不同位置关系。学生在经过一段时间的语调训练后，也能分析不同的调型结构及其有关特点，把握好语调规律，以句子为单位，在交流沟通的过程中实现非孤立的因素训练。在情境的支持下，学生必然能了解不同语音要素之间的相互关系，无论是英语口语能力还是听力能力都能得到显著提高。

（三）多元化评价模式的构建

针对现有的教学评价成果导向，应该将学习成果作为具体的评价依据，监测学习进步，并帮助学生持续努力展开学习。为了充分发挥评价的促进和导向功能，需要充分激励学生学习，让教学评价成为语音学习过程的重要组成部分。与此同时，学生还应该通过课堂学习，了解自身是否达到了预期的学习目标与终结性评价来作为能力评估的方法。具体来看，就是通过持续性评价让学生深入理解所学的内容，了解语音有关的学习策略，朝着更高目标不断努力。总而言之，成果导向下的语音教学评价重视

过程性评价和终结性评价的结合。例如，在实际教学过程中，教师可以利用多媒体语音系统来建立学生的语音档案，了解学生不同阶段的学习发音状况。此外，教师可以对每个学生的发音进行录音，在一段时间的学习后，了解不同阶段读音的差距，分析学生在哪些地方取得了进步，从而在阶段性学习中取得良好的授课效果。

（四）最终教学目标的完成

教师评价给学生提供了很大的学习动力，同时也帮助学生达成最终的学习目标。英语语音教学应该通过优化课程体系和教学资源的方式，以改进评价方式为基础，达到预期目标。教师可以利用现有的学习资源或第二课堂给学生展开个性化的学习指导，让学生按照自己的节奏逐渐朝着目标前进。现代信息技术的高速发展可以让网络资源的作用变得更加突出，英语语音学习可以借助影视教材或视频资料来巩固专业知识，让学生利用网络资源调动其中的有关信息。具体的操作方式为：教师可以通过微视频、微课、翻转课堂等模式，强调课内学习与课后学习之间的联系。教师也可以将这些教学资源放置在校园网、校园微博、微信公众平台上，学生可以按照自己的需求主动查阅或下载，随时随地地获取资源，让更加具有概括性的专业知识为学生提供服务。例如，对于比较难的元音发音学习，教师可以制作课件，让学生从课件中了解发音的口型变化，并与自己的发音展开对比，从语言实践中进行对照和改进，了解自己的不足。

综上所述，以成果为导向的英语语音学习能够高度重视学生学习结果，让学生既具备良好的语音学习方法，又具有良好的语用能力。在未来的教学实践当中，教师应该明确教学目的，以能力训练为重点，让语音在语言交际的过程中发挥作用，并且在教学过程中进行实践探索，实现教学改革。

第七节　英语语音学教学评价

学生应用英语的能力是英语教学不变的主题和目的。交际要以文化知识底蕴为依托，以口语表达为形式，进行信息输出和信息交换，通过口语表达达到交际目的。笔者对牡丹江师范学院西方语言学院2012级学生英语语音学教学评价进行"全程考核"教学，使学生熟练掌握英语语音体系的特点，提高语音能力。

一、研究设计

针对英语专业新生英语语音学习普遍存在的出勤差、课堂表现不活跃、沟通交流能力差等问题，进行英语语音学教学评价全程考核教学实践。全程考核的目的在于促进学生的过程性学习，培养学生较强的学习能力、实践能力和创新精神，促使学生形成养成式学习模式。

（一）考核内容

英语语音学考核满分为 100 分，考核内容包括出勤、课堂表现、测验及作业。考核内容的重心在课堂表现上，测验次之，然后是作业和出勤。各自比例为：课堂表现占 40%，测验占 30%，作业占 20%，出勤占 10%。

（二）考核时间

英语语音学考核时间采取阶段性考核与全时间考核相结合的方式。出勤和课堂表现两项内容实施全程考核——每次课都考核；测试和作业实施阶段性考核——每月 1 测，共 3 次测试，作业是每 5 至 6 周一次，共 2 次。

二、方法与手段

（一）出勤

出勤考核为每节课教师一一点名或随机点名，记录学生的出勤情况。学生无故缺课每次将被扣掉 2 分；请假学生每次扣掉 1 分；迟到学生每次扣掉 1 分。出勤分被扣掉 10 分者将取消考核资格。此项考核内容主要考查学生的学习态度，促使学生自觉养成按时上课好习惯。

（二）课堂表现

全程考核作业部分采取录音形式完成。教师指定或学生根据兴趣选择阅读内容，进行录音。每 5 周留一次作业，占作业分的 50%，共计 2 次。教师根据学生上交的音频作业综合测评。教师根据学生发音的语音、语调的准确性及标准程度给出成绩。成绩分：有 10 分、8 分、6 分、4 分四个等级。教师要对作业进行点评，指出学生作业的优点和缺点，引导学生改掉错误的发音习惯。

语篇模仿考核教师通过课堂或课间提问的方式考查学生对经典练习的模仿情况，依据学生模仿的语调、音准、情感、完整性，评出优秀、良好、合格、未完成四个等级。每周考查一次，每个学生考查三次，期末将三次成绩汇总，给出最终成绩：优秀：9~10 分；良好：7~8 分；合格：6 分；未完成：0~5 分。

课堂提问考核采取学生自评与教师评定相结合的方式。每个学生在课堂表现监控表（包括考核的全部内容）上，根据自己回答问题的情况，准确记录。主动回答问题，回答正确：8~10 分；被动回答问题，回答基本正确或不正确：3~7 分；未回答问题，认真听讲：4 分；未回答问题，未认真听讲：0 分。每周教师收取一次监控表，结合学生上课回答问题的情况，参照学生的自评记录，检查学生得分情况，期末根据每周的记录情况给出学生最终成绩。

课堂讨论考核以小组为单位（2~6 人一组）组织学生进行课堂讨论，促使学生积极参与课堂教学，并在讨论中培养学生的批判性思维和答辩能力。此内容的考核采取学生自评与教师评定相结合的方式。实施过程是：每个学生在课堂表现监控表上认真记录自己参与课堂讨论的情况。分六个等级：主动参与讨论，讨论内容丰富，逻辑性强——10分；主动参与讨论，言之有物，思路清晰——9分；主动参与讨论，缺乏逻辑性——8分；主动参与讨论，表达困难——7分；未参与讨论，认真听讲——4分；未参与讨论，未认真听讲——0分。教师每周收取一次监控表，根据学生上课讨论情况，参照学生的自评记录，客观记录学生的课堂讨论情况，期末根据每周的记录情况给出学生最终成绩。高端的评分设置是为了调动学生参与讨论的积极性，鼓励学生参与讨论，大胆开口讲英文，低端的评分设置是为了避免学生旁观或闭口不言等消极听课现象。

（三）测验

测验是检测学生对知识掌握和运用情况的一种常规方式。每月进行一次测试，每次测试占测验成绩的10%，共三次。以口头测试形式进行阶段测试。实施过程是，教师围绕本月所学的知识内容进行测试，保证题型多样化，题量限制在6分钟内读完，难易适中。目的在于促进学生过程性学习，引导学生自主学习和阶段性复习，学会抓住知识的重点和难点。

（四）作业

课堂表现考核是全程考核的重要组成部分，也是重点。考核内容包括：课前预习（10分），语篇模仿（10分），课堂提问（10分），课堂讨论（10分）。考核采取学生相互考核与教师考核相结合的方式。每单元学习之前，由学生自由选择，结成对子，考核预习完成情况。考核分优秀、良好、合格、未完成四个等级。教师每单元抽查一次，依据学生的课堂提问情况及学习伙伴给出的考核结果，全面打分。期末根据该生每周的考核结果给出最终的分数：优秀——10分，完成并有知识拓展；良好——8分，完成；合格——6分，部分完成；未完成——0分。

三、考核结果分析

（一）出勤

学生出勤情况反映了他们对待这门课程的态度，如果学生不认真学习的态度得不到纠正，会使得他们轻视口语表达中至关重要的英语语音课程。考核的结果是，学生不缺勤不迟到了！

（二）课堂表现

全程考核最重要的一部分是课堂表现考核。学生和教师手里各有一份自评表，教师提问会产生两个记录：一个是教师根据学生表现给出的成绩，另一个是学生在"学生自评表里"自己给自己打的分。这种做法极大地提高了学生学习的积极性，上课发言十分积极，语音训练十分有效。

（三）测试

测试采用"全过程"方式，所以学生不会到期末才集中复习。考核方式是"滚雪球"式的，即学完前元音马上考前元音，学完辅音马上考前元音＋辅音……这样，学生一直在进行复习以前所学的内容，效果很好！

（四）作业

语音作业是以录音形式完成的。实施语音课全程考核之前，学生一般是草草录完，不认真对待；实施语音课全程考核之后，学生为了得高分，就会把作业反复读若干遍才去录音，无形中得到了更多的练习。

将全程考核应用于专业英语学生语音教学的全过程，能促进学生更熟练地掌握英语语音体系的特点，提高学生的语音能力。教学实践证明，全程考核这种教学评价措施，能有效促进学生语音能力的提高，破解英语语音学的教学难题。骐骥一跃，不能十步；驽马十驾，功在不舍。将全程考核融入英语语音教学的实践中，使学生身体力行地参与到英语语音学习的始终，是培养学生良好英语语音能力的关键。

第四章 英语词汇学

第一节 词汇学概述

英语词汇学是英语教学和学习的重要组成部分,近几年,英语词汇学领域受到学者更多的关注和研究。笔者把英语词汇学基本理论和高职词汇学习两方面相结合,阐述了英语词汇学的基本概论和研究范围,发现英语词汇学中的构词学、词义学、语境学等方面对大学英语词汇学习起着指导性作用,词汇学可以加深学生对英语单词结构和词义的了解,也可以帮助学生有效地记忆和扩大词汇量。笔者结合自己的教学经验,提出了高职英语教学中词汇学习的可行性办法,旨在提高英语学习者的学习能力。

一、词汇学的基本概念

英语词汇学(lexicology)是语言学的一个重要分支,词是语言的基本单位,也是一个最小的自由体,它可以单独使用,具有声音、意义和语法功能。Bloomfield 对词的定义是,每个单词都是最小的自由词。然而这个定义不够全面,存在着缺陷。首先,不是所有的单词都可以独立出现,如 the,a,my 这些单词单独出现则没有具体意义。另外,Bloomfield 的定义侧重在于语法(syntax)却没有涉及词的意义。随着词汇学的发展和完善,人们给词下了较为完整的定义:"词,今指语言组织中的基础单位,能独立运用,具有声音、意义和语法功能。"

英语词汇是由各种不同类型的单词组成的,而这些单词有着不同的分类标准。根据词的起源可以分为本族语和外来语。本族语主要源于古英语时期的盎格鲁-撒克逊使用的单词,大多数都是单音节词;外来语主要是借用其他国家的语言。根据使用水平可以分为 Common words 普通词、Literary words 书面词、Colloquial words 口头词、Slang words 俚语、Technical words 术语。书面词大部分是法语、拉丁语或希腊语,主要用于以书面形式,尤其是在书中、官方文件或正式发言中;普通词主要是关于日常生活中的必需品或日常行为活动的用词;俚语多数是充满诙谐、幽默性质的词,多用于非正式场合或关系非常亲近的人物之间;术语应用于各个专业领域,比如科学、政治、艺术、体育等方面。根据词的概念可以分为 function words 功能词、content words 实义词。功能词主要是指限定词、连词、介词、助词,没有多少词义,多用于语法功能,可以用作语法信号或功能标记。实义词主要是指在句中充当成分时有意义的词,这类词有谓语动词、名词等。基础语库的基本特征是具有民族特征、稳定性、构词的能力和搭配能力。

二、词汇学的研究领域

英语词汇学的研究范围十分广泛，概括来说包括"词的界定、词的形态和构成、词的意义、词与词之间的意义关系、词义与语境的关系、成语的构成和使用、词典的类型和使用、词汇的发展史、词汇与文化的关系、词汇频率统计、词汇教学等"诸多领域（汪榕培，2004）。Jackson，Amvela 表明，词汇研究的三大主要领域分别为形态学（morphology，研究词素及其组分），语义学（semantics，研究词的意义）和词源学（etymology，研究词的来源）。

（一）英语词汇的形态学

单词是由词素（morphemes）构成的，词素即英语语言中有意义的最小单位，同时具有声音和意义。单词可以由一个或一个以上的词素组成。例如，visit、act、national、teacher。我们可以发现 visit、act 是一个词素，它们都不能分解成更小、更有意义的单位。而 national、teacher 是由两个词素构成的，它们可以分解为 nation+al 与 teach+er。其中 visit、act、nation、teach、-al、-er 都是一些最简单的词素，而这些词素组成最简单的单词，如：visit、act、nation、teach；而另一些词素组成为单词的一部分，如：-al, -er 等。以上这些都是词素，它们都是最小的单位并具有一定的意义。以 -er 或 -or 作为单词的后缀，通常表示"…的人；供做…的物"，比如，thinker，writer，learner，passenger，designer 等。

（二）语义学

语义学通常指的是单词的含义。单词的含义是由各种内在联系和互相依存的部分组成的。其中最主要的两种词义类型分别是语法意义（grammatical meaning）和词汇意义（lexical meaning）。词汇学家认为基本的词义关系分为，一词多义、同音异义词、同义词、反义词、上下义词和语义场。一词多义是指一个单词具有多种含义。同音异义词是指在英语中，有许多单词具有不同的意思，但是在读音或者拼写上是相同的，甚至有些是读音跟拼写都是一样的。具有几乎是相同的外延意义的单词是同义词。反义词是意思相反的词语。另一种单词间的关系是上下义词（hyponymy），上下义词又分为上义词（super ordinate term）和下义词（upper term）。一般而言，普通词汇表达比较含糊和平凡，而使用上下义词可以使表达更加生动和精确。

德国学语言家 Jost Trier 认为语义场是指单词与单词之间或它们共同特指的词一起构成一个比较系统的整体，是由很多具有相同语义成分的词汇个体构成的。比如，空间场、动物场、颜色场等，我们把 fruit 一词作为上义词，一系列下义词 apple、banana、orange 等一起组成"水果场"。名词 +y 构成形容词，例如，rainy、windy、lucky、noisy、snowy 等。我们可以根据这些词设立一些与其有关系的语义场。通过对语义场的了解，在英语学习中我们可以把不同的单词加以分类，在学习新英语单词时，通过词与词之间语义场的关系把它们分门别类地统计在一起，从而更好地记忆单词。

（三）语境学

语境是指一篇文章中的内部环境或上下文关系，语境可分为语言类语境（linguistic context）和语言外语境或者情景语境（extra-linguistic context/context of situation）两种。"情景语境"即文章产生的时间、地点、文化背景或人物关系。语境对于单词的理解，特别是对一词多义单词的理解有着重要的作用。在英语学习中，许多单词都有多重意思，英语单词"go"，在牛津高阶英汉双解字典中，它有一百多种含义。比如，go by 指时间过去、消逝，也可以指遵照或依照某物。与其他单词有着不同的搭配，意义也完全不同。所以在翻译中或阅读中，我们要根据上下文的语境来猜测单词的意思，还可以根据它在句子中的语法关系来猜测。

决定一个单词的意思，语境起着重要的作用。一语境可以消除词汇歧义和结构歧义，二语境可以传达感情色彩，三语境可以明确词义的指代和广度。

三、英语词汇学习的有效方法

（一）英语构词法

英语中的构词法主要有三种，分别是：合成法、派生法和转化法。合成法是由二个或者二个以上的词基组成的词。在现代的英语词汇中，许多词都是合成词。比如，handwriting 笔迹, sun-bathing 日光浴, typewriter 打字机, cookbook 烹调书等。派生法也是英语的主要构成法，它通过在词基上增加前缀或者后缀从而构建新词。前缀以否定前缀（negative prefixes）un-, in-, im-, il-, ir-, non-, dis-, mis-, mal- 等为主，使延伸出来的派生词变成反义词。例如，Balance → imbalance；Accurate → inaccurate；Agree → disagree 等。加上前缀后的词，虽然意思改变，但词性保持不变（en- 除外，如 able 形容词, enable 动词；courage 名词, encourage 动词）。相反的，加上后缀的词，不但词义有些改变，词性也完全不同。例如，amaze → amazement；kind → kindness，commerce → commercial；depend → dependent。

在英语教学中，有很多单词都可以运用构词学理论来记忆和讲解单词。特别是运用词根和词缀的构词法。学者可以遵循构词法的一些规律，以 -less 结尾的单词，表示否定意思。例，care → careless 粗心的，use → useless 无用的。以 -ly 结尾的单词，大都是形容词，比如：friendly, weekly, yearly 等，以 -ist 结尾的名词表示"人"。例，piano → pianist 钢琴家，science → scientist 科学家。

（二）词源法

词源法是根据单词的词源知识或一些神话故事而形成的。高职学生面对成千个英语单词，难免会出现心烦、缺乏兴趣的消极情绪，教师可以根据词源法原理给学生讲解与之相关的神话故事来吸引学生的注意力并加深学生对单词的理解。比如伊甸园 the Garden of Eden，它的故事来源于圣经。上帝塑造了亚当和夏娃，把他们放到伊甸园里生活，在那里生活是无忧无虑的，上帝有一条禁令——禁止他们摘食智慧树上的果实。有一天，魔鬼撒旦变成了一条蛇，用尽甜言蜜语欺骗夏娃摘取智慧果。夏娃和亚当禁不住诱惑偷吃了禁果。由这个故事衍生出单词伊甸园 the Garden of Eden，禁果 forbidden fruit.

在高职英语教学中，很多学生面对英语大纲要求记忆的成千个英语单词，感觉力不从心，无法记忆。他们对英语学习没有浓厚的兴趣。笔者结合英语词汇理论研究，在实际教学中用词汇学中的构词法、词源法帮助学生记忆单词，以此提高学习效率。

第二节 词的结构

认知结构指在感知理解客观现实的基础上，在头脑中形成的一种心理结构，是个人的全部知识的内容和组织，也就是指学习者在长期的感知理解客观现实的过程中，按照一定的组织结构储存在大脑的全部知识与经验系统中。不同学科领域的知识与经验，按各自的知识体系、经验，形成个体关于该学科领域的认知结构。认知结构的状况对学习的发生起着关键的作用，原有的认知结构在感知理解客观世界的过程中不断地充实、完善。

英语词汇的认知结构是指学习者在学习英语词汇的过程中，按照英语词汇的知识体系以及个体对英语词汇的认知经验，形成各自独特的组织结构，并按该组织结构将所学英语词汇的全部知识与认知经验系统地储存在大脑之中，形成具有搜索与预测功能、建构与理解功能、整合与迁移功能的认知结构。在我国，构建科学合理的英语词汇认知结构是英语学习的核心任务，也是英语习得发生的基础。影响其形成的关键因素主要有：第二信号系统的建立，语音符号与概念的连接和词汇语义场图式的发展。

一、第二信号系统的建立

布罗卡（P.Broca）在1861年就发现左脑额下回和言语表达有关，它是词的运动表象中枢，这说明母语的掌握会在大脑皮层上建立特别的神经机制，即 Broca 语言区。巴甫洛夫把客观世界称为第一刺激物，即第一信号；由第一信号引起的皮层活动为第一信号系统。词是事物的标志，即事物的信号，称为第二信号；由第二信号引起的皮层活动为第二信号系统，也就是特别的神经机制。外语学习者母语的第二信号系统即语言区已经形成，而外语的第二信号系统能否形成就要看外语词汇能否成为第二信号刺激物。

对于我国英语学习者来说，英语是另外一种语言。英语词汇与汉字一样是事物的标志，事物的信号。汉字可以作为第二信号刺激物引起大脑皮层活动，如听到汉语词汇"手机"的语音，就能激活大脑中"手机"的图像。但英语词汇却不能作为第二信号刺激物引起大脑皮层活动，如听到"a cell phone"的语音，却激活不了大脑中"手机"的图像，而要通过汉语翻译的途径激活其图像。学习者学习英语的目的是在高考中获得高分，尤其是广大农村地区的学生只有通过高考来改变自己的命运，英语高考的形式主要是书面语形式。因此，教师的教和学生的学都是把英语作为一种知识体系来教和学的，并将英语的书面语形式——英语词汇的拼写形式，而不是英语词汇的语音形式储存在长时记忆中。英语教学中，词汇意义的呈现用汉语翻译的方式最简洁方便，有的幼儿英语教学也是如此，如要孩子跟着教师反复地大声朗读"desk desk 桌子，desk desk 桌子"等等。在这种教学模式中学得的英语，就使得英语词汇无法成为第二信号刺激物，它永远是第一信号刺激物。

第二信号系统被认为是用概念和判断进行思维的生理基础，由于这种思维只能借助词而形成，思维也就只能借助词来进行并在词中表现出来。英语词汇不能作为信号的信号引起大脑皮层活动而形成第二信号系统，也就没有用英语进行思维的生理基础。

从神经生理基础的角度看，建立英语词汇良好认知结构最根本的就是要使英语词汇成为第二信号刺激物。学生在感知英语词汇的语音时，把它与脑海中的映像进行音像配对，经过多次联结，引起大脑皮层活动，大脑皮层对该语音逐步形成条件反射，这时该语音成为第二信号刺激物。小学阶段是良好认知结构建构的最佳时期，这个年龄段的孩子正处于可塑性强的时期，在学习自然的语音方面占有绝对优势。充分利用儿童的口腔肌肉的可塑性和易于学好发音的优势，重点放在言语教学上。这一时期学习英语能在大脑中留下痕迹，激发神经功能系统，建立新的第二信号系统，形成英语语言区，即能用英语进行思维的生理基础。

二、符号与概念的直接联结

20 世纪初英国语言学家奥格登和理查兹（Ogden & Richards）提出的语义三角学说 semantic triangle 认为：语言形式及其所代表的对象之间（及语言与客观世界之间）没有直接联系。在理解语义时，是通过大脑中存在的概念这个中介物来联系的。

符号或者形式指的是语言形式(词、词组)，所指物指客观世界中的物体、思想或(所指)语义指概念。符号与客观世界之间没有直接联系，不会直指所指物，用的是虚线连接；符号与概念之间是直接联系，然后通过脑海中概念的映像指向客观事物所指物，它们之间用的是实线连接。例如，字词"马"直接与我们脑海中的一个确定概念相联系，与马的大致模样即映像相联系，但是它与句子"那边的那匹马看来很烈"中所提到的特定的马，即在这一特定情境下的所指物，并没有直接联系。因此，词语符号通过概念指称"事物"，这一概念与将有关语言的人头脑中的有关词语的形式相联系，从这一角度来看的概念就是有关词语的意义。

其中的符号或者形式可分为词汇的音形和文字形式两种。在母语中，音形义之间已建立了牢固的联系，不管是音形还是文字形式，都与脑中的概念相联系，直指意义。如"校园"这个词，当你听到"校园"这个词的音时或看到这两个字时，脑海中就会出现四周用栅栏或围墙围起来的一块地，地上面有楼房、操场、图书馆等的一个映像，然后指向意义；当我国的英语学习者，尤其是广大农村地区的学生听到词汇 campus 时，绝大多数人脑海中没有出现上面所提到的映像，而是"校园"这两个汉字的音形，然后通过母语理解，指向意义。就是说学习者没有在脑海中建立 campus 的相应概念，也就没有相应的映像出现，英语词汇与概念就不是实线连接，而是虚线连接，它们的中介物就是母语。要听懂英语，就必须逐字地把英语句子中的每一个单词翻译成母语。这在话语交际中是不可能做到的，翻译的速度永远跟不上话语的速度。

要做到英语词汇与概念直接联结，先要进行语音与映像的直接联结。教学中教师第一呈现的是英语语音，同时匹配与之对应的客观事物或图片，随即在脑海中形成映像，进行语音与映像的联结，完成初步的概念认知。此时的联结不是很牢固，语音痕迹较浅，需通过机械练习、有意义练习和交际练习的多层次操练，加深语音痕迹，逐步过渡到言语行为的内化，然后再建立新的概念系统。在完成了初步的概念认知后，必须进行概念重组。根据 Danesi 的观点，概念重组大致分三种类型：当母语和目的语表面形式折射相同的概念结构时，概念重组是同形的，如"沙发"与 sofa、"阿司匹林"与 aspirin；如果只存在部分重叠，外语学习者就必须内化有别于母语的概念结构，如"校园"部分有别于 campus，牛津简明英语词典对 campus 的解释是：the grounds and buildings of a university or college。如果两种语言的词汇反映迥然不同的概念结构，概念重组则只能是"重新洗牌"，如英语 Catch — 22（第二十二条军规）指没法解决的难题，从词语本身是无法猜出意思来的。通过概念重组完成新的概念系统重建。

三、词汇语义场图式的发展

通过语义场图式对词汇进行关联性学习。图式是认知心理学的术语，心理学家瑞士的 J. 皮亚杰认为，学习含有使新材料或新经验结为一体的这样一个内部的知识组织机构，即认知结构。皮亚杰指出，这个结构是以图式、同化、顺应和平衡的形式表现出来，儿童认知能力的发展是借助其随身携带的两种功能（同化和顺应）改变认知图式的过程。这里的图式与结构大致同义。德国语言学家特里尔等人则主张用联系、发展的观点去研究语言，强调语言体系的统一性和环境对意义的影响，提出了语义场理论（Semantic Field Theory）。这是一种语言词汇结构理论，语言系统中的词汇在语义上是相互联系的，它们共同构成一个完整而又变化的词汇系统。任何一种语言都包含着大量语义场。这些语义场由于彼此之间的意义各不相同，词义关系也不一样。根据对共同义素的分析角度不同，语义场相应地区分为不同的类型，主要包括分类义场、上下义场、同义义场、反义义场等。与图式理论相似，其核心是研究词表达的类概念和种概念之间的关系。根据这一理论，某些词可以在一个共同概念的支配下形成一个语义场。如提到"学校"这个话题时，可以将"学校"作为中心词组成一个语义场，从而联想到和学校相关的一些词，如"校园、教学楼、实验楼、图书馆、操场、校长、教师、学生、上课、课堂、教室、黑板"等。在记忆词汇时，可以按照类似、对比、联想等方式加以系统地记忆和储存，使词汇成为一个相互关联的网络。这说明词汇不是一个个孤立地储存在人的记忆中的，而是分门别类地储存起来的。词汇语义上的联系形成了记忆中的联想网络，只要记起其中的一个词，就会联想或激活语义场图式。

词以概念形式储存在包括相关词汇的语义网络的框架中，词汇的扩展与概念形成相互联系，逐步形成合理的词汇认知结构。

母语语义场图式的形成不是一蹴而就的，而是在母语习得中逐步形成的。如对颜色的认知，首先认知的可能是黑和白，构成了颜色的基本图式，然后逐步增加红色、蓝色、黄色等，通过同化和顺应改变图式，最后形成完整的颜色认知图式，即词汇语义场图式。它的形成就像滚雪球，是逐步地扩大，最后形成较完整的词汇系统。

在我国，英语词汇语义场的形成与母语词汇语义场的形成则大相径庭。首先，学生在感知英语词汇时，不需要建构词汇的概念意义，英语词汇的认知是借用母语的认知图式来进行的。因此，多数情况下是用母语翻译的方式理解词汇意义的。其次，英语词汇认知时，由于不需要建构认知图式，也就没有经过同化和顺应改变词汇认知图式的发展过程。只需识记英语词汇，学生的注意力就集中在英语词汇的记忆方面。如颜色词汇的学习，通常情况下 red、black、white、yellow、blue、green 等表示颜色的单词同时出现，一次性学习，一次性记忆。根据艾宾浩斯的遗忘曲线规律，这些词是不可能一次或两次全部记住的。经过多次反复的强化记忆，勉强可以记住，但时不时地会忘掉几个。再次，我们母语的学习着重点在识字上面，不识字就是没文化。这种传统的教学观念，学习方法就迁移到英语学习上。教师就不厌其烦地讲解英语单词的构成和用法，如单词是由哪几个字母组成的、是什么词性、名词的单复数等等，学生就拼命记忆单词的拼写形式和基本用法。最后，学生形成的英语词汇语义场是不成形的，脑海中的英语单词几乎都是孤立的。学生每天都在拼命地记单词，总在追求词汇的量，以为词汇记得越多英语水平自然就越高。这样进入记忆中的词汇是无序的，杂乱无章地堆积在长时记忆中。只有少数核心词汇会产生联想，如 long 与 short、old 与 young、big 与 small 等等，却难以形成词汇网络。当需要提取某个词汇时，一旦没有激活该词汇，就漫无边际地搜索，像大海捞针。因此，要形成并发展英语语义场图式，必需借用母语的认知图式对语音词汇进行认知，尽量避免用母语翻译的方式认知语音词汇，使英语语音词汇与认知图式产生直接联系，从而建立并不断完善的语音词汇网络。

要建立英语第二信号系统，英语词汇就必须成为第二信号刺激物；要做到英语词汇与概念直接联结，就要进行语音与映像的直接联结；词汇语义场图式的形成与发展是要不断地通过同化和顺应来改变认知图式的过程，所有这些都建立在语音与意义的直接联系上。通过语音与意义同步呈现的方式，尽量不用母语作为意义的中介物，建构词汇认知的基本图式。然后按照图式发展的规律，不断完善认知结构，也就为英语习得发生打下了牢固的基础。要构建科学合理的英语词汇认知结构，基础教育英语教学工作者责任重大。他们的教学理念、教学理论水平、教学方法直接影响学生认知结构的建构和发展过程，同时基础教育管理者对基础英语教学的评价也是左右良好认知结构建构的关键。只有几方面共同努力，才能达到新课程标准制定的教学目标。

四、重视英语词性

（一）被淡化的第四拍——词性

王云利在《词性教学对大学英语教学的意义探究》一文中指出：单词的词性是词汇与语法的结合点，是单词的使用依据，决定了单词在句子中所能承担的语法功能。由此可见，英语词性非常重要，大学英语教学与新课改要求下的初高中英语教学更是如此。

虽然现在的英语教学都在强调淡化语法知识，但这并不是绝对地推倒语法教学。根据笔者多年的教学经验，在给班里的英语"学困生"补差时，深深体会到：英语词汇的词性和其在句子结构中的重要性，学生能熟练掌握英语简单句基本五大句式对学好英语具有举足轻重的作用。在学习英语单词的过程中，学生在牢记单词的音、形、意的同时，千万要记住第四个拍，即词汇的词性。如果音节记忆单词是学习的第一位，那么词汇的词性决定着其在句子构建中的位置和作用，也就是英语句子的基本构成是处于第二位的。词性是学习英语最重要的英语知识，也是最基本的知识。学生一旦熟练掌握了这个知识，就会在学习英语的道路上轻车熟路，轻松前行。

（二）知词更知"性"

现行的人民教育出版社初中英语教材七年级（上）和八年级（上）分别就英语词汇的词性"名代动形副、数冠介连叹"和英语句子成分的"主谓宾、定状补"做明确的定义。但对学生来说，定义是很抽象的东西，没有教师的正确引导，学生不能真正深入理解其内涵，不能灵活运用，也不可能做到举一反三，在学习中就会很被动。学生初学英语的成绩也许很理想，但知识稍一加深，内容稍一增加，就会掉队。学生背了很多单词和词组，记忆了很多知识点，但这些最终都成了一些零散的知识，没有词性和其在句中构建的对应关系来串联，学生大脑中无法形成英语句子的概念。

学生经常暴露出的问题是不知道汉语中的"和"在英语中既可以用连词表达，又可以用介词表达；不清楚代词中的人称代词和物主代词，分不清主格和宾格；不懂得"乘飞机"的动词和介词表达在句子中的位置不同。例如：学生习作中常见的错误句子：she by plan to London. 在这个句子的表达中学生知道 by plan 是"乘飞机"的意思，但学生没有理解动词词性在句子中做谓语，没有理解动词和介词在句中的句法功能的不同以及动词在句子结构中的功能和位置，不明白"觉得，是"是不表示具体的行为，但这却是动词词性的原因。非谓语动词是学生学习英语的一个难点，学生如果掌握了基本的词性功能，那么学习非谓语动词就没有那么抽象了。如果不了解动词的用途，就不要提非谓语动词了，更不用说 doing 有的在句中是名词，叫动名词，而有的句子中体现动词的特征叫现在分词。同时，笔者在教学中经常提醒学生在学习单词时，一定要特别去"关注"词性，这也是加深记忆的过程。

四、由词组句

（一）洞悉英汉差别——由知词性到善组句

古人云："授人以鱼，只供一饭之需，授人以渔，则一生受益无穷。"针对此问题，笔者对学生进行汉译英方式的训练，让学生彻底清楚英语是为结构服务的，而汉语是为意思服务的。从知英语词性到组句，学生应对英汉句子的差异有一个简单的了解。胡爱萍指出：在实际英语教学中，我们经常发现不少学生由于对英汉句子结构的差异缺乏足够的了解，在做英汉互译练习中，尤其是碰到长句的翻译时经常死译、硬译。人与人见面打招呼总会说"你好，你干啥去了？"这个典型的汉语句子就可以告知我们英语句子构成的主干就是某个人做什么，这是英语句子最常态化的表现。

句子结构掌握不好，不仅会影响单个句子书写问题，而且会影响英文写作。在赵晓军的《英语写作中常见的句子结构错误分析》译文中，他指出：所有的文章都是由句子构成的。因此，如果想把文章写好，最基本的一点就是要写出正确的句子。列举出的例子层层深入，从句子的主干——主谓、主谓宾到句子的附加成分——定状补，以及不同的词性在句子中充当着不同的成分角色。英语句子的排列顺序实际上是不同词性的单词站到了不同的位置上。首先，词汇的词性决定着它在句子中的位置，名词表示一个人或物的名称，那么在句中的主要作用就是充当主语、宾语或表语，当然还有定语，教师在讲解其对应的句式主干时先不要过多提及其他功能。动词表示一个具体的动作或状态，那么其在句中就表示人或物做了什么。主语，顾名思义，就是在句子中是"主人"的身份；谓语动词就是"主人"发出的动作；宾语，顾名思义，就是"主人"家的"宾客、客人"，是"主人"发出动作的对象，通过类似形象的比喻，学生能很好地理解句子的构成。

人称代词和物质代词是初学英语学生学习的一个难点，学生经常错误地使用代词。如果真正知道主格对应的是句子的主语，宾格对应的是宾语的话，就不会再写出"Her is me mother.I help she"这样的错误句子。be 是英语动词中一个区别于具体行为的动词，让很多学生不能很好地去体会其动作感，但学生对其又是熟悉的。因为在初学英语阶段接触到最多的就是"I am...she is..."这样的句式，所以当学生学习深入后，脑子里对词汇的功能模糊的话，就往往会写出一个句子中既有 be 动词，又有行为动词的错误句子。如果学生对动词中动作或状态的定义理解了，这样的错误就会不再出现。学习中，教师应该给学生多举实例，通过例子来给学生说明动作词和状态词。例如：She is go to school at 6：00 every day. 这个学生习作中常见的典型错误句子，教师可以引导学生来弄清楚 be 动词和行为动词的定义区别，分清主系表和主谓、主谓宾句式之间的区别，学生写好此句子就轻松自如了。

（二）构建英语框架——五大句型

学生理解了五大句型的基本主干，什么词能做主语，什么词做宾语，什么是主系表后，再来延伸附加成分定状补。教师可借助常见的句式口诀：主谓宾表定状补，七种成分要牢记，主谓宾表示主干，辅助成分定状补，定语修饰名或代，状语修饰动形副，主谓人称要一致，宾语之后可有补。实践是检验真理的唯一标准，在学生学习过程中，教师要将概括知识，并将知识经常运用在英语教学中。例如，学生在阅读文章时，经常会遇到一些生词，那么就要学会运用。如果一个名词（人或物）前出现了陌生词，那么其一定是来修饰这个名词的，就可以在心中假设是某种人或物；如果判断是谓语部分的动词，那就一定是主语"做"什么了，然后再根据上下文去猜测。

除了将英语归纳成五大句型外，其他的学者还做过一些尝试，比如黄国文将其分成简单句、并列句与复合句。当然不论哪种划分方式，都足以看出各学者对句子结构的重视。因此，在新课改的要求下，教师应该重视句子结构的教学，构建起学生头脑中的英语框架。

五、网络英语新词汇的结构与特征

美国学者布赖特（W.Bright）在《社会语言学》一书中提出了"共变"论，该学说指出：语言与社会是两个变数，它们相互影响，互相作用，社会的变化会影响到语言的变化。"共变"理论论述了语言是社会变化的记录，更是社会文化的载体。网络语言是人们在互联网上进行信息交流的语言符号，是伴随着信息时代的产生而出现的。随着信息技术和网络技术的快速发展，网络作为一种信息载体，越来越受到社会和人们的青睐。词汇是最能直接反映社会信息变化的符号，而网络英语词汇的发展，丰富了英语词汇的语义，为人们提供了更多新的语言概念，扩宽了人们的知识结构。

（一）网络英语新词汇的结词特征

词汇作为语言中最富于变化的构成部分，随着人们生活节奏的加快和信息技术的快速发展，人们对信息传播速度的期望值也越来越高，人们需要用最少的词语来表达更多的意义。由此，网络英语新词汇层出不穷，其呈现出一系列的构词特征。

1. 派生法

所谓派生法，是指通过词缀加词根的方式，派生出大量的英语新单词。首先，有前缀加词根的派生单词。比如 cyber- 这个前缀表示"计算机"，加上词根 money，新的单词 cybermoney 表示"网络货币"，还有 cyberhobia 表示"计算机恐怖症"，cybercrime 表示"网上犯罪"，cyberspace 表示"网络空间"等一系列新的英语词汇。其次，有词根加后缀的派生新词汇。比如"-ware"是器件的意思，加上前缀 hard，表示 hardware "硬件"，还有 software 表示"软件"，shareware 表示"共享软件"等一连串新词汇。

2. 合成法

合成法越来越成为一种网络新词汇的构词手段，而合成词的系列化也成了网络英语构词的主要特点。目前，网络上有非常多的合成词，其构词非常活跃，其构词特征主要表现为：数字代替英语单词。用一个发音与一个单词相同的数字代替该单词。比如 B2C，全称是 Business To Customers，意思是一种非主流的商业模式，其获取利润的方式是主要依靠在网络上销售商品。两个及两个以上英语单词的全部字母合并，叫全部合成，是用两个或两个具有完整意义的单词进行的合并使用。这类新单词多与网络有关，比如中国网（china+net），在线（on+line），主页（home+page），电视节目（items+on+TV）等一系列的合并词汇。用两个或两个以上的单词的部分合成，叫部分合成。比如 keyb，是 key board 合并而成的，意思是"计算机键盘"，netlab 是 network laboratory 的合成，意思是网络实验室。

3. 缩略法

缩略构词法符合语言简化发展的趋势，也符合现代社会经济高效发展的要求。在信息技术和信息传播速度高速发展的信息时代，人们更多的是需要用简化的语言表达更多的内容，必然会使用一些简明扼要的新词汇。因而缩略词语作为网络时代中较为重要的一种词汇构词手段，一方面丰富了网络英语词汇，另一方面又为英语的广泛使用提供了较多的帮助。

（1）首字母缩略。首字母缩略在网络英语中大量出现，它们代表了现代英语发展的一种趋势。因为这种词汇适应了语言发展的需要，也适应了人们运用语言交流的发展需要。单词与单词的缩略形式：如，PC 全称是 personal computer，意思是个人电脑，SAT 全称是 Scholastic Aptitude Test（学术能力倾向测验），就是美国为高中生进大学而设的考试，还有 BYOB 全称是 bring your own bottle（请自己带酒），意思是老外在请客时，会在请帖上注明"BYOB"。一种原因是主人可以减少负担，更重要的原因是为了满足客人对酒品种的不同需求。还有一种是半缩略的首字母缩略方式，这种用法在网络词汇中也普遍存在，其构成方式是：第一个单词保留第一个字母，第二个单词不变，比如：e 是 electronic 的缩略形式，e-mail 表示电子邮件，e-jorunal 表示电子杂志，e-book 表示电子图书等等。

（2）谐音缩略。由谐音字母构成的词汇，比如 ICU 全称 I Seek You，CU 表示 See you 等。还有混合谐音的方式，这是一种数字与英语字母的混合，而数字发音就表示了发音相似的单词。比如 P2P 全称 pear to pear，表示端对端或点对点，A2B 全称 administration to business，表示由机关到企业。

（3）拼缀法。这类构词法是由两个词剪裁而成的，取其中的首部或尾部，形成一个新的单词，比如 sysop 分解成 system operator，意思是系统操作员，还有 webnomics 分解成 web economics 意思是网络经济。

（4）域名缩略。因特网上的地域名大多采用两个字母的代码方法，其构成形式是：.（dot）加上地名的缩略代码形式，如：.sh.cn（Shanghai，China）；.jp 代表 Japanese（日本）；.af 代表 Afhanistan（阿富汗）等等。又如 .（dot）加上组织或机构的缩略代码形式：.com（营利性的商业实体），.net（网络资源或组织），.mil（军事机构或设施），.info（信息网站）等。此外还有词头字母缩略等词汇缩略法。

4. 意义引申法

为适应信息时代的语言需求，在网络语言中，越来越多的词语采取了一种修饰的手法。首先，科技词汇一般比较抽象，难以理解，而在英语中，为了更好地让人们理解其意思，便采取了一种修饰手法，这类手法起到了很好的注解作用。比如 firewall（防火墙），它是指设置在不同网络之间的一种系统或程序，它可以自动防止未经授权者通过网络侵入我们的计算机，以此达到保护网络运行安全、抵御黑客袭击的目的。而现实中防火墙的意思是防止火灾发生和蔓延的一堵墙。在这里，用比喻的修辞手法，形象地说明了 firewall 是保护计算机安全的一种功能。这类词汇在英语中比比皆是，比如 host（主人）表示主机，bug（臭虫）表示电脑系统中隐藏的漏洞、故障等。其次，网络英语中采取意义引申法也可以产生鲜明的形象感。比如 carpet bombing 的意思是地毯式轰炸，表示为了攻击某个邮箱而故意发送大量垃圾文件，导致对方邮箱瘫痪的恶劣行为。

除了上文所述的英语新词汇构词特征以外，还存在其他一些常用的构词方式，比如词汇变体，旧词新用等方式，这些构词方式又不断地推出新的词汇。网络语言对我们日常生活也正在起着越来越重要的作用。

（二）网络英语新词汇的特征

随着网络时代的快速发展，网络英语词汇日新月异，其语义通俗易懂，科学合理地运用这些词汇可以准确地表达自己的观点和思想。因而，通过上文对网络英语新词汇构成方法的阐述，我们可以得知，这些英语新词主要具有以下特征。

1. 虚拟的情境交际

随着信息技术和互联网的快速发展，越来越多的民众开始选择网络交际，交流者的身份、环境是模糊的，因而网上交流可能发生在任何地方、任何人身上。他们身上具有的社会、文化背景等因素对网络交际的情境不会带来任何实质性的影响。网民在网络上运用网络聊天工具在虚拟的空间中进行一对一，或一对多的聊天，采用的虽是非正式的口语，但用的却是文字形式来表达。也就是说，网络交际虽是一种交际行为，却是以文字形式呈现的，由文字、表情、符号等方式代替了口语，成为口头语言表达的一种补充，这种交际方式看似冷冰冰，实则生动活泼，这也是网络语言不同于其他话语方式最为显著的特征。

2. 词汇数量增大，更新速度变快

网络的发展促使了网络英语新词的大量涌现，这些新词的更新速度、更新数量常人无法想象，更是任何一本英语辞典难以收录完整的。所以在网络英语新词得到极大发展的今天，提高对网络英语词汇的认识，尽快掌握其构成及语义特征，对人们了解社会、开阔视野、增长知识以及日常生活都会带来很多的益处。

3. 简约性，通俗性

网络英语新词汇之所以发展快速，很大程度上取决于它的通俗性和简约性特点。首先，网络英语词汇的通俗性主要反映在其构词上大量使用了派生、合成、缩略、引申等方式，使得网络交流者只需要了解到新词的词缀，便可以掌握大量的派生新词。比如，cyber 这个前缀表示"计算机"，加上词根 money 形成了新的单词 cybermoney

（网络货币）。网络英语新词中的合成词同样也数量繁多，许多新词的含义都可以通过其特定含义推导出来。比如 web 原意为蜘蛛网，其引申义为"网络"。因而其合成词 webster，意思为"网络用户"，webzine 意思为"网络杂志"等。其次，简约、易于记忆的网络新词能提高键盘输入信息的速度，也便于人们记忆和传播。网络英语简约性的特征主要体现在大量网络缩略词方面，它们形式单一、构词简练，使用起来方便快捷，虽不及口语正式，但由于其通俗易懂的特点，也使得缩略词得到了大家广泛的认可。

4. 隐喻性

隐喻法是人类认识世界、了解世界的最常用方法。理查兹（Richards）曾经说过，隐喻是人类"语言无所不在的原理"。任何一种以一类事物去体会另一类事物的方式都叫作隐喻。在网络英语新词中，有许多网络科技词汇，由于这些词汇深涩难懂，于是在网络交流中便有了隐喻，运用隐喻手段来创造新的词语或理解新的概念。一个看似普通的词通过隐喻手法后，可以用一个新的视角去看待它，于是便有了新的含义。比如 virus 原意指生物学上的病毒，但加上 computer 后，computer virus 则指电脑病毒，是指隐藏在计算机程序里，专门破坏计算机操作系统并且能够自我复制的一组计算机指令。类似的词还有 mouse，memory 等等。可见，隐喻使得许多难懂的词通俗化、简单化、具体化，使得一些词义变得与人们日常生活更加接近，更易于网民理解、记忆，在很大程度上推动了网络技术和计算机知识的普及。

5. 符号语言

符号语言，也称为表情符号。用符号语言来描述人们的情感和表情，这是文字符号无法比拟的，它可以使冷冰冰的网络聊天变得更加生动，更能加强人们之间的交流。符号语言并不能像英语词汇那样通过引申、谐音来表达含义，但是符号语言可以采取不同的组合来表达不同的含义，这是网络语言最为不同的表达方式。

总之，网络英语作为网络文化快速发展的一个产物，是一个时代发展的标志。语言是有生命的，随着网络信息和互联网的快速发展，网络英语也会发生翻天覆地的变化。而如今，网络英语已经开始并将持续不断地对人们的学习、工作、思维模式以及价值观等方面带来影响。虽然网络英语词汇简单易记，但是英语并非我们的母语，当我们遇到一个新的网络英语时，可能我们会知道它的字面含义，但我们了解它特定语境中特别意义的能力却有待于提高。因此，加强对网络英语新词汇的研究，掌握英语新词汇的构词特征，对于我们熟悉网络，把握社会发展脉络有着重要的作用。

第三节 英语构词法

英语构词法的教学和使用能够有效地帮助学生理解部分陌生单词的含义、词性等，能够极大地扩充学生的词汇量，从而对学生英语的学习、阅读、理解等有较大的促进作用，并提升学习效率，是英语教学中必要的手段之一。

语言是随着人类社会的不断发展而发展的。一些旧词的过时意味着需要人们创造出一些新词，而新词的产生，也大体上服从一定规则，有其规律可循。语言的这种"弃旧创新"不断完善和发展的过程体现出的就是一种规律，被称为构词法。与汉语中汉字可能由两个至多个部分组成相似，好比双木成"林"，多木成"森"，英语单词亦有其相对固定的构词法。构词法的应用极大地扩大了英语的词汇量，丰富了英语的功能及应用，使英语的表达更贴切、详实。了解构词法，能帮助学生很好地理解这个单词，进而进行理解性记忆，而非死记硬背。

英语的构词法，通常分为派生法、合成法、转化法、缩略法、混成法及其他方法。

一、派生法

派生法，即在词根前面加前缀或在词根后面加后缀构成一个与原单词意义相近或截然相反的新词的方法。

一般情况下，前缀改变原词的意思，但不改变原词词性；例如：un-、dis-、in-/im-、ir-、il-、mis-、non- 等前缀构成原词的反义词，表示"不"，例如 unhappy、discover 等等；re- 表示"再、又、重"，re- 多重读，构成双重读词，例如 relax、repack；tele- 表示"远程的"，比较常见的有 telephone、television 等等；en- 表示"使"，构成动词，比如 enjoy；inter- 表示"关系"，比如 internet 等。

而对于后缀，通常改变原词意思，并且多改变原词词性。例如：1. 形容词性后缀 -al、-able 表示"有能力的"，如 valuable、national；-an/ian 表示"国家的，国家人的"，如 American；-ern 表示"方向的"，如 western；-less 表示否定；-ic/ical、-ese 表示"人的"，如 Chinese；另外，ful 后缀将原有名词变为形容词，如 successful。2. 动词后缀：-en，strenghen。3. 副词后缀：-ly，carefully。4. 名词后缀：-ment，statement；-ness，illness；-tion，action；-er，worker；-or，doctor；-ist，artist；-ess，actress；-th，health。5. 数词后缀 -teen，sixteen；-ty，sixty；-th，sixth。借助前缀、后缀、词根等构件，记忆单词会更有效率。

另外，前缀和后缀并不是矛盾的，亦可能同时出现，形成新的单词，表达新的意思。比如 unsuccessfully 是一个副词，它是由 un（前缀）+success（名词）+ful（形容词后缀）+ly（副词后缀）组合形成的新的单词，在单词教学中，可以通过将较长、较复杂的单词拆分成有规律的词根（缀），进而重组，便于记忆。

二、合成法

合成法就是把两个或两个以上独立的单词按照一定的次序合成一个新词的方法。通过合成法构成的新单词叫合成词，又称复合词（compound）。合成词的词义和读音通常是由合成它的词决定的。合成词的构词成分可由各种词类表示，而且其组合不受英语句法在词序排列上的限制，比较灵活，在现代英语词汇中，很多新词汇都借助原有的词组合而成。复合词主要分为合成名词、合成形容词、合成动词、合成代词、合成副词及合成介词等。比如：information highway（信息高速公路）、swimming pool（游泳池）等构成合成名词；easy-going（平易近人）、warm-hearted（热心的）等构成合成形容词；second-kill（秒杀）、test-drive（试车）等构成复合动词；anything（任何事）、herself（她自己）等构成合成代词；everywhere（到处）、beforehand（事先）等构成合成副词；inside（在……里面）等构成合成介词。

三、转化法

英语中，有的名词可作动词，有的形容词可作副词或动词，这种把一种词性用作另一种词性而词形不变的方法叫作转化法。使用转化而来的单词，词形没有任何变化，往往既经济又生动，是现代英语的独特之处。

以下是几种词类的转化：1.有少数形容词可以转化为动词，多半表示状态的变化。如：to slow（使…慢下来）。2.很多动词可以转化为名词，大多意思没有多大的变化。如：take a walk 中的 walk。4.表示颜色的形容词常可转化为名词，如 red。此外，某些形容词如 old 与 the 连用，表示一类人："老人"。

四、缩略法

不增减意义，也不改变词义，把词的音节加以省略或简化而产生的词统称为缩略词，这种构词法称为缩略法。随着社会的发展，生活节奏的加快，无论是讲话还是写文章都要求节省时间和篇幅，缩略法正顺应了英语这种逐渐简化的趋势。

缩略法不是创造新词，而是将原词缩短，或将原来的固定词组、复合词简略缩写而成缩略词。英语中缩略词形式繁多，如：phone（telephone）, fridge（refrigerator）等等，是将一个较长的词或短语缩短，截去原来单词的一部分而使用剩下的部分构成的新词。VOA（Voice of America）, TV（Television）, ID（Identification card）等等，是运用首字母拼音法将社会组织、政治组织或特殊名词短语以及技术术语的名称的首字母结合起来构成的新词。

五、混成法

混成法就是把一个词与另一个词"混成一体"来构成合成词的方法。在现代英语中，很多混成词已经牢固确定，而且已成为新构词很有构词力的样板。例如：从 cheeseburger（夹干酪肉三明治）到 beefburger（夹牛肉三明治），shrimpburger（夹虾肉三明治）；从 motel 到 botel（汽艇游客旅馆 boat+hotel），aquatel（水上饭店 aquatic+hotel）；从 washeteria（自助洗衣店 wash+cafeteria）到 candyteria（自助糖果店），luncheteria（自助小吃馆）。

总而言之，英语的教学与学习应该学会融会贯通、举一反三，将各类方法运用于教学中，通过各类词汇的对比，罗列、分析各单词之间的关系，理解记忆相关单词，促使学生掌握方法，多加运用，勤加练习来增加熟练程度。因此，在英语教学中老师应多多鼓励学生大量阅读，通过构词法并联系上下文来理解单词的意思，领会文章的精神。

第四节　英语新词的产生

英语作为世界上使用最为广泛的语言，随着社会、政治、经济、科技等各种因素的发展，产生了许多英语新词。同时，由于全球交往的日益频繁，这些英语新词也不可避免地给现代汉语词汇带来了巨大的影响。本节将从各个方面探讨英语新词出现的原因及其给汉语词汇带来的影响。

随着社会的进步，科技的发展，我们身边的事物每天都发生着日新月异的变化。语言为了适应社会发展变化的需要，自身也在不断地发生着变化。新词是语言应用与发展过程中在特定时间出现的新的语言现象，这种现象在语音学、形态学、句法学、语义学和词汇学等学科中相当常见。词语的产生是由多层次、多角度因素共同作用的结果，因此我们观察新词的角度也应该灵活多变、善于发现。从历史角度上讲，所谓英语新词就是指近些年来才新近出现的，在以前的英文中没有出现过的词语，或者即使出现过但是直到现如今才刚刚开始流行并开始令大家广为接受的词语；从语言规划角度上看，所谓新词就是指由形式不稳定性（如形态、书写、语音）或语义不稳定性的词语转变为形势稳定并且词义稳定的新近出现的词语；从心理学角度看，新词是说话者认为新语言单位的词语。简而言之，新词就是指新近出现、词义不稳、结构不稳的词语。英语语言中新词的出现丰富了语言的表现手段，增强了语言的表现力，扩大了人们的视野，促进了知识的交流和社会的进步，也因此极大地影响了汉语中的众多词汇。

一、英语新词产生因素

（一）政治因素

20世纪，特别的进入21世纪的是近10年来，世界范围内各国的政局发生了很大变化，有一些甚至发生了根本性的质变。这些前所未有的变化都不可避免地给英语这门极具包容性的语言增添了不少新词。例如，近年来，世界政坛风云变幻，中东、南美和非洲的石油输出国纷纷组织并加入了当今世界无人不晓的石油界巨擘OPEC（Organization of Petroleum Exporting Countries：石油输出国组织）。在美国爆发了水门事件之后，Watergate一词被广泛应用，以指政府内部的任何政治丑闻，美国前总统克林顿与前白宫见习生莱温斯基的性丑闻后就有了Zippergate（拉链门事件）。英国的正副首相David Cameron和Nick Clegg，组成了联合政府，两人现阶段的亲密关系，如蜜月佳期，媒体常用Bromance（Brother和Romance的合并）来形容。

（二）经济原因

世界经济发展越来越迅速，经济全球化的到来给英文带了不可计数的新词，以适应不断发展的经济模式与不断出现的经济新现象。如在当今信息社会里，人们根据当今世界的经济类型，因此而谋划了一种崭新的知识经济模式，随之而来的是英语中的新词 information economy。随着网络经济的出现，英语中也增添了诸如 global quota（全球配额），grandfather clause（祖父条款），Animal-derived food（动物源食品），EVSL（Early Voluntary SectoralLiberalization）（部门提前自愿自由化），Freemium（网上的"免费+增值"的商业模式），Business-to-Consumer（商业机构对消费者的电子商务），Spot-buy（交易成功后，马上获得付款）等词汇。全球性的经济危机，日益增长的通货膨胀和世界工商业的迅猛发展也是当前英语世界中新词产生的一个重要原因，Eurodollar（欧洲美元），petrodollar（石油美元），revenue sharing（国库分享）等都是近期产物。

（三）科技原因

科学和技术的进步是人类永恒的追求。每当某一门科学发展到一个新阶段的时候，就有相当大的一批新词涌现。21世纪电子技术发展迅猛，给英语带来了大量的新词。如：ringtone（手机铃音），ringxiety（手机幻听），spyware（安装在电脑上用于监视用户活动的间谍软件），sockpuppet（论坛马甲）。伴随着人们空间技术的突飞猛进，人类都盼望着21世纪的某一天可以在太空中建立居住点，在太空中自由漫步，随意生活，因此人们便在英语中构造了一个新的词语 terraform（人造星球生圈）。生物技术的不断创新也给英语中增添了一些相应的新词：DNA（英语"脱氧核糖核酸"的缩写），bioprospecting（生物探查：指对植物或动物基因的探查）以及很多其他词语。与此同时，在人类现代医疗技术的迅速发展下，很多现代医疗技术术语也进入了英语当中，包括技术用语、药品名、病毒等在内的新词语。从语言的角度，新的科技需要大量的词汇来记载这些概念，从而出现了大量新词。在信息时代，随着人类的进步，科技的发展，英语中新词的发展永远不会停止。我们要时刻关注新词发展的动向，探索新词发展的规律，为新词研究尽自己的一份力。

（四）社会生活原因

现代社会的飞速发展极大地改变了人们的生活方式，生活理念同时也极大地影响了人们在社会中的生活方式与方法，当然也不可避免地给人们带来了很多问题，在英语词汇中留下了痕迹。例如，英语中产生了很多新的我们以前所不熟悉的词语，包括以前人们经常使用但一直未被收入正式词典中的俚语（slang）和口语（colloquialism），如：posh（非常时髦的），bonkers（疯狂的），easy meat（易辨的事），like a lead balloon（毫无作用），can of worms（一团糟），merchant ofdeath（死亡贩子），go for broke（尽最大努力），carry the can（面对责备，负起责任），sell like T shirts（货如轮转），现在也越来越多地进入人们的视野，被人们所应用。随着生活的变化，因工作方式和状态的不同，在美国英语中便有了 new-collar, goldcollar, open-collar, bright-collar, no-collar 等新词。随着人们的环境保护意识的逐渐增强还产生了其他的新词,诸如:Earth Day(地球日),Earth Hour(地球熄灯一小时),visual pollution(视觉污染)。南非世界杯时疯狂的球迷让全世界人知道了一种名为 Vuvuzela(球迷吹的长形小喇叭)的乐器。

二、英语新词对汉语词汇的影响

讲到这里,我们就会很容易就能够发现,如此众多的英语词汇之所以能得到极大的发展,就是受益于当时的社会政治、经济的繁荣,受益于当时日新月异的社会的飞速变化。在信息快速发展并能够获得传播的时代,这些新词新语不可避免地又对汉语言产生了极为重要的影响。

自古以来,世界上各个民族之间的贸易往来、文化交流、移民杂居以及战争掠夺甚至对外征服等各种形态的交往与接触,都会引起语言的接触与碰撞。在这个时候,语言之间的接触与碰撞有不同类型,其中最常见的一种形式就是外来词语的借用。我国古代就有很多词语舶来品,汉代就已经出现,如"葡萄、石榴、苜蓿、狮子、玻璃"等就是汉代从西域借入的,在之后的各个朝代也都陆续有所借用。新中国成立后,特别是在改革开放以后的这段岁月里,我国注重加强了大陆与外面世界特别是西方国家的接触,海外世界的新文化、新思想、新科技、新产品也如潮水般地迅速涌入中国大陆。随之而来的是,用来指称这些新事物、新概念的新词语作为外来词也大量进入现代汉语的词汇表当中。关于借词的特点,语言学家已经早已有了定论,比如常见的几种借词的构成方法为:音译、音译兼意译、音译加意译、意译加汉语语素、借行、直接使用原文。改革开放以前,汉语对外语的借用比较慎重,直截使用原文的较少;改革开放以后,由于这场最伟大、最深刻的社会变革,给汉语带来了翻天覆地的变化,社会发展的进程加快了。因此,外来词的涌入也有了新的特点,就是直接使用外语原文的多了,与其他方式有相匹敌的趋势。大量的英语外来新词在当前的中国社会流行开来并被广泛使用,这样是否影响了汉语的纯洁性呢?英语新词是否真的有如此大的影响力以至于影响世界上最古老的一门语言的发展呢?其原因又何在呢?

第一,英语字母词发展的世界潮流促使其进入汉语,并使其成为进入汉语的主流。在社会语言学家看来,语言是社会的一面镜子,词汇的发展是最能迅速而又有力地反映社会与历史发展的。科学技术的日新月异势必会造成大量的新事物与新词语。而英语作为当前世界中一门最为强势的语言,不可避免地会为汉语带来很多新的词语、新概念。比如现在蔓延趋势日益严重的"艾滋病",最初根据英语拼写逐词地直译成"获得性免疫缺陷综合症",后来大陆采纳了香港音意兼顾的译法"艾滋病",而现在汉语中固定的译法"艾滋病"是因为有些人谈"爱"色变,怕这个词染上"黄色",将"爱"改为"艾",以"艾滋病"来代替"爱滋病"。此外,文化形态的发展是词汇演变外因中非常重要的另一个方面。"文化世界是词汇演变中非常重要的方面,尽管文化的深层相对稳固,它的表层却处在不断的变化之中。不同文化形态之间具有相互渗透、相互兼容、相互影响及相互促进从而达到相互协调,相得益彰的积极结果"。此前,汉语对外来词语以及相应的舶来品的吸纳还真的有过一段时间的刻意进行区分的特征,在很多当年的词语中都可以追寻到历史的影子,例如在很多的外来词语前加"洋"或"西"字,"洋布""洋枪""洋钉"等等。可是,当历史的车轮发展到今天,汉语也在随着历史的年轮不断滚滚向前,现在的汉语外来语,尤其是对特别强势的英语的入侵,表现出了极大的忍耐性与宽容性。再次,根据社会心理语言学的研究成果,在人们的内心,特别是在社会集体的心理中对当代词语的认可是现代汉语词语演变发展的重要外因。现在的人们处在知识经济时代的迅速发展时期,当前的中国人对知识和信息拥有巨大的需求,他们时刻关注着这个世界时刻所发生的事情,并积极主动地引进并融入当今的变幻莫测的发展局势中。追求一流的效率,注重超高品质的大多数人不大愿意花费很多时间计较拼音文字或是方块文字的区别,而且大部分的现代都市人以能够迅速且准确地掌握这些最先进的新词汇为荣。

第二,英语词汇中的相对更加简便的因素更是有力地促进了英语新词新语在汉语中的广为流传。众所周知,英语中的新词给汉语语素系统也带来了一个极为重要的影响。利用英语中这些新词部分所构成的语素,同样也使得英语中某些新词的译音部分通过其缩减或其他的各种方式掺入到汉语中来,形成一个语素化过程,从而也完成了对汉语词汇的最终渗透,并逐步地形成了汉语中所特种的各种新词。例如英语中的一些字母语素如 e、nano 等都渐渐参与汉语的构词。还有一些外来的新词通过音译成汉语而使原来的汉语语素带上新的语素义。比如我们热衷于把不同工作阶层冠以"领"字,除了"白领""蓝领",我们把秘书叫作"粉领",修理工叫作"灰领",IT 界的 CEO 是"金领"。从社会心理语言学的角度来看,"社会价值高的词语更容易占据人们语言中枢的兴奋点,它们发生语义泛化,成为汉语新语素的可能性就比一般词语大得多"。在当今的纷繁芜杂的英语单词世界中,其所吸收的外来词语总量已经占到了其总量的 80%,即便如此,这并没有影响英语作为一个世界通用语言的主要地位。与此相反,英语以其简洁清晰的发音方法,丰富易懂的万千词汇,灵活多变的语法规则赢得了全球数目众多的使用者,而且其使用者有越来越多的趋势,可以说,其发展势头远在汉语之上。

综上所述,新词已经逐渐被我们接受成为语言的一部分。人们使用新词表达他们的观点,尤其是新观点。因此,理解新词的意义对于译者和大众都是很重要的。随着社会的进步、科技的发展、生活的变化、人们观念的更新,英语中新词汇会继续不断涌现,这是英语历史发展的必然趋势。熟悉英语新词的产生,构成特点以及新词的翻译方法,并且密切关注其发展趋势,对于我们捕捉新信息,促进外语学习及跨文化交际都大有益处。

三、英语新词的构成方式

新词和新语主要是利用语言既有的材料通过构词方式产生的,传统的构词法主要有词缀法、转类法、合词法、拼缀法、缩略法等,吸收外来语,旧词产生新意义等也是英语词汇产生的主要途径。

（一）利用传统构词法构成新词

1. 词缀法（affixation）

词缀法在整个词汇历史发展中起着积极的作用，它不仅扩充了英语词汇，而且丰富了语意。词缀法主要由词根（root）加前缀（prefix）或后缀（suffix）构成。如词根 super-，最初有 superman（超人），supermarket（超市），superstar（超级明星），superwoman（女超人），supermom（超级妈妈），supergirl（超级女声）。manic- 也是表示痴迷于某事，如 monomaniac（偏执狂），melomaniac（音乐狂），dancomaniac（跳舞狂），infomaniac（对信息收集狂热的人），technomaniac（技术狂）等。

2. 转类法（conversion）

转类法指不改变词的形态，只是将其从一种词类转化成另一种词类。名词转成形容词作定语是一个主要构词法，例子比比皆是，比如一些交通词汇，traffic light（交通灯），traffic post（交通岗），traffic jam（交通拥挤），safety island（安全岛），zebra crossing（斑马线），speed limit（速度限制），car crash（撞车）等。运用转类法名词转变成动词，动词转变成名词也很普遍，如 e-mail（电子邮件）→ to e-mail（发电子邮件），skill（技能）→ to skill（提高技能），cup（杯子）→ to cup（用双手罩住），star（明星）→ to star（成为明星）。再如 to wash（洗）→ body wash（淋浴露），to polish（擦亮）→ nail polish（指甲油），to spit（吐唾沫）→ a spit（唾沫），to cheat（欺骗）→ a cheat（骗子）等。

3. 合词法（composition）

合词法也是构成现代词汇的重要方法，在构词方面起着积极作用，为英语增添了大量的新生词汇。复合词的组合不受英语句法在词汇排列上的限制，比较灵活多样。由合词法组成的新词非常广泛，涉及各行各业、方方面面，如美容方面的词汇，face mask（面膜），eye gel（眼霜），day cream（日霜），body lotion（润肤露），eye shadow（眼影），make-up remover（卸妆乳）等。再如一些关于手机的词汇，short message（短信），roaming service（漫游），prepaid phone card（储值卡），slide phone（滑盖手机），flip phone（翻盖手机），bar phone（直板手机）等。

4. 拼缀法（blending）

拼缀法是对原有的两个词进行裁剪，舍取其中的首部或尾部，然后连接成一个新词。这种方法构词巧妙，表达精练，有时候具有一定的诙谐色彩，常用于科技用语、报刊用语及俚语中。如，motel（motor+hotel 汽车旅馆），medicare（medical+care 医疗服务），autocide（automobile+suicide 撞车自杀），workfare（work+welfare 工作福利），netizen（net+citizen 网民）等。美国前共和党候选人萨拉·佩林喜欢杜撰新词，譬如 2010 年她把 refute（反驳）和 repudiate（批评）合在一起，造成 refudiate（拒驳）。

5. 缩略法（shortening）

现代英语词汇是一个求简追新的过程，缩略法造词简练、使用简便，主要包括三种类型。①截短词（clipping），截短原词的某一个音节，如 ad（advertisement 广告），memo（memorandum 备忘录），expo（exposition 展览会），hippo（hippopotamus 河马），flu（influenza 流行感冒）等。②首字母缩略词（initialism），将词组的主要词的首字母组成一个新词，读字母本身音，如 BBC（British Broadcast Corporation 英国广播公司），CEO（Chief Executive Official 首席执行官），MVP（most valuable player 最佳运动员），IOC（International Olympics Committee 国际奥委会），LCD（Liquid Crystal Display 液晶显示屏）等。

（二）吸收外来语

"英语词汇是世界上最丰富的语种，这是因为它接受外来语并把它改造成本国语的能力特别强。英语不仅善于接受和吸收外来语，而且接受和吸收外国语言习语和外国文化概念"（李赋宁，1992）。英语词汇的来源十分复杂、广泛，有法语、拉丁语、希腊语、意大利语、凯尔特语、德语、汉语等成分。在现今，随着国际交流的日趋频繁，有更多的外来语转变成英语词汇，现代英语已成为一种世界混合语。以汉语这一词源为例，在全球化大环境下，中国式英语正强烈冲击着英语，大量的中文词汇进入英语，成为英语新词汇的最主要来源，如 typhoon（台风），Confucianism（儒家思想），Four Books（四书），Five Classes（五经），Eight legged Essay（八股文），iron rice bowl（铁饭碗），Four modernizations（四个现代化），knowlegdge economy（知识经济），Three Representations（三个代表）等。

（三）旧词新义

随着各种新的事物的出现，为了满足日益增长的表达需要，旧词会在新的社会条件下赋予新的意义。如 flash 原意为闪电、飞速掠过，新意为电脑动画，display 原意为展示、显示，新意为显示器，transformer 原意为变压器，新意为变形金刚，web 原意为蜘蛛网，新意为网络，mouse 原意为老鼠，新意为鼠标。

人名、地名、商标等专有名词转变成新词的例子也很多。比如：Xerox（施乐）和 Polaroid（拍立得）原都是产品商标，现在 xerox machine 代表复印机，polaroid 代表一次成像照相机。

现代英语词汇既随着社会的变迁不断地演变与发展，也反映着整个时代与社会的变化。英语学习者有必要了解及掌握英语新词产生的原因及构词规律，跟上英语发展的步伐，从而提高综合运用英语的能力。

第五章 英语语调概述

第一节 英语语调的特点和用途

一、英语语调的概念

英语语调是英语单词或者单词在句中的发音特点,即说话的腔调,是说话者声调里抑扬顿挫的变化。不同的英语语调,有不同的意思表达,即使是同样的句子,由于腔调的不同,意思有时也会相差甚远。毕竟,语言作为一门艺术,在我们的生活和工作中起着非常重要的作用。英语语调主要有五种基本类型:升调、降调、升降调、降升调、平调。

二、英语语调的特点

(一)在词义上具有不变性

在英语语调中,音节的高低变化,并不能改变一个句子或单词的意思,只是表达的情绪和感情有所不同而已。在我们日常的工作和生活当中,由于我们想要表达的感情不同,对句子会采用不同的调型,进而使自己的表达更加清楚,如疑问句、感叹句、陈述句等调型。

例如:--This is my brother,he is five years old.

--He is five years old? So tall.

在这段英语对话中,上下两句的意思表示基本上是一致的,只是第一个句子采用的是陈述的语调,第二个句子采用的是惊讶的语调,即他的弟弟如此高,看着不像是只有五岁。因为两者语调不同,进而导致表达的情绪和情感也有所不同。

(二)在节奏上以重音计时

节奏是指人在说话过程中的一个规律,英语语调在节奏上是以重音计时的,英语句子中的重音相对其他非重读音节的单词发音时间相对会长一点,例如,"This is a bank."句子中的"bank"就是重读音节,且句子中的重音一般都是句子的重点,起到强调作用,非重读音节一般在句子中起到陪衬和修饰的作用,在说话的过程中,要注意对非重读音节的单词说得快一点,对需要重读音节的单词要注意放慢速度。另外,如果句子中连续出现几个重音,那么重音间隔的时间大致也是相等的,例如:"I'm sorry." "I'm late." "I will note."，其中"sorry""late""note"三个词语作为句子中连续出现的重读音节，在说话的时间间隔上保持了相等。因此，在说话时，要注意调整重度音节的时间间隔，进而使说话具有节奏性，给英语语言以美感。

（三）在形式与技巧上以声调为基本单位

英语语调是一种以声调为基本单位的语言，是一个相对来说比较系统的、科学的，利于中学生接受的一个语调系统。静调和动调是我们最常见的英语语调的两大分类方式。其中，静调，意指我们平常在说话时声音语调在同一水平线上，即调与调之间要么同为低声调，要么同为高声调，声调不出现上下的变化或浮动。如"Will it work?"。动调即指说话时声音不在同一个高度，声调出现了上下移动，如声音由升调到降调的移动，"Will you go on foot or by bus?"其中的"foot"是升调，而"bus"是降调。

三、英语语调的用途

在英语语言交际过程中，语调可以运用到人际交往的各个方面，表达说话人不同的思想态度、心理、情感。合理地运用语调可以帮助我们更好地传达信息，增加英语语言的魅力和感染力。语调一般有以下三个方面的用途：

（一）用来表达说话人的态度

在实际的交往和交流的过程中，我们首先要做的就是要清楚、明白彼此的态度，只有明白了态度，我们才能进一步对事情进行交流和处理，而英语语调就可以用来表达说话人对某件事情的态度，展现说话人当时的心态和情绪。一般来说，高调的句子比低调的句子听起来更加得欢快，降调表明说话人对一件事持肯定的态度，如"I think you have to do it."。升调表明说话人对一件事情持怀疑或不信任的态度，有时也表示不确定的态度和心理，如"Are you sure?"或"Are you serious?"。

（二）用来强调说话人的说话内容

在交流中，运用语调可以更好地强调说话者想要表达的内容，把听者的注意力放在说话人想要强调的内容上面，例如："You should go to school on Monday, but not on Sunday."句中的"Monday"用升调，而"Sunday"采用降调的方式，通过两者的对比，就强调突出了说话人的内容，即日期的不同，使听者更容易记住。

（三）用来区别新旧信息

信息一般可以分为新信息和旧信息，新信息一般是说话者自身想要传达给听者的，想要听者了解和知道的，旧信息是说话者已经传达过的，并且听者已经知道的消息。在人际交往中，说话者通过不断改变其所要表达信息的焦点位置，来强调说话者想要表达的内容。

例如 --What time are we arriving?Did you say half past three?

--No, no, no, not half past three, half past four.

就如例句中所表现的,"我们什么时候才能到目的地,你刚刚说的是三点半吗?""不不不,不是三点半,是四点半。"在这一段对话中,说者就是通过改变时间的焦点,从三点半到四点半,进而强调说者想要表达的内容的。并且,句子中的"half past three"和"half past four"分别采取升调和降调进行处理,通过两个时间点的对比,更加突出了"half past four"这个新信息的时间点。说话者通过调节语调来告诉听者什么信息才是其想要传达的新信息。通常来说,新信息是一个句子中最突出的部分。

英语作为一门语言的必修课,在其学习的过程中,我们要注意对英语语调的学习和研究,培养起对语调的感知力和反应能力,因为不同的人在说话过程中使用不同的语调,其想要表达的内容和情绪也是不一样的,分清说话人的内容和其想要表达的感情,是我们必须注意的。但对于语调的学习并不是一蹴而就的,需要我们树立对语调的重视的态度,需要我们善于分析和辨别生活和学习中语调的应用,是一个长期积累的过程。

第二节 英语语调的功能

一、英语语调的基本类型

话语中声调高低的变化就叫作语调。语调是英语语言的一种特性,可以使话语的含义表达更加完整和明确,可以帮助人们表达喜悦、悲伤、惊讶、愤怒等不同情感。借助语调来表明句子中单词和句子之间的语法关系是什么,表示说话者对他人或思考对象的态度和想表达的隐含意思。美国的著名语言学家 Charles C.Fries 曾说过:"重要的不仅是你说的是什么,而是怎么说。"同一句话用不一样的语调表达出来,表示的含义可能完全不同,它可以表示完全赞同,可以表示保留意见,可以表示愤慨不满,也可以表示安慰关怀。以英语为母语的人在对话过程中对语调比较敏感,而以英语为第二语言的习得者往往掌握不好语调的运用。倘若用错语调,可能会出现自己不自知,而已经引起他人误会的情况。了解并掌握有关英语语调的相关知识可以促进无碍地与英语国家的人们进行交流。因此,英语中语调特有的表现形式是学习英语语音的重要部分。

不少语音学的研究者经过大量研究,从不同的角度对英语语调进行了分类。有些语音学家采用了细致的分类方法。比如英国的语音学家 Roger Kingdon 把英语语调分为了静调(static tone)和动调(kinetic tone)。静调又叫平调(level tone),分为高平调和低平调两类,它的音高没有太多变化,不表达任何情感,同时也不附带任何隐含意义。动调则有音高变化,分为降调、升调、降升调、升降调和升降升调五类,这些变化能够表达话语者的态度和隐含义。在降调中又细分为高降调和低降调,升调又分为高升调和低升调。而另外一位英国语言学家 Harold E.Palmer 则认为英语语调有四种核心调:降调、高升调、低升调和降升调。

英语语调在连贯的话语中听起来是变化多端的，但将话语分割为语调单位，最为常见的是降调和升调，把降调和升调的作用联合在一起,形成降升调。通常把平调(→)、降调(↘)、升调(↗)和降升调(∨)看作英语的基本语调，采用这种比较简单的基本分类方法。因为对高职高专英语专业学生来说，掌握这几种语调基本能表达清楚所要传递的信息。

二、英语语调的功能

英语语调用途广泛，在日常交际中体现出话语者的态度和感情。作为一种复杂的语音表义形式，英语语调在话语交流中起着重要的作用，体现出很强的功能性。语音学家将英语语调的功能概括为表态功能（attitudinal function）、强调功能（accentual function）、语法功能（grammatical function）和语段功能（discourse function）四方面。

（一）语调的表态功能（Attitudinal function）

英语语调能够表达说话者的喜恶和态度。高兴、惊奇、生气、悲伤、宽慰、愤怒、不感兴趣、保留意见等都可以通过语调准确无误地表达出来。因此，表明说话者态度是英语语调最具普遍性的功能，通过语调体系的各方面相互作用形成，可以体现在语调体系的每个层次上。例如：

They're going to have a ↘picnic. 这里用降调表示陈述事实，对所传递的信息非常确定，没有任何疑问。

They're going to have a ↗picnic？ But，it's raining outside. 在这一句中，同样的语序和内容，用升调则表示疑问"外面正在下雨，他们还打算要外出野餐"，表明了话语者不确定和惊讶的情感成分。

（二）语调的强调功能（Accentual function）

英语语调单位又称作语调群，一个完整的语调单位由调冠、调头、调核和调尾四部分组成。其中调核是最重要的音节，它的改变能带来句子强调重心的改变。通过调核的调整，说话者可以把听众的注意力集中到重要内容上，突出自己想要强调的部分。例如：

——Did you say a black car?
——No，a ↘red car.

在回答中，一般调核位于最后一个实义词 car 上，但在这里要强调的是 red，而非 black，所以调核发生变化，落在了单词 red 上，提醒听者注意。

（三）语调的语法功能（Grammatical function）

语调中所涵盖的信息如语调单位的划分、调核位置的变化以及调型的选择等能帮助听者更准确地识别语法和句法结构，了解句子意思。首先语调的语法功能可以体现在区分陈述句和疑问句上，例如：

She saw a white ↘fox. 如果用降调，这个句子就是陈述句。

She saw a white ↗ fox. 但如果用升调说出来，这个句子就变成了疑问句。

其次，语调的语法功能可以帮助模糊不清、有歧义的句子把意思表达清楚。例如：

This is my ↘ sister, Alice. 这句只在 sister 一词上用降调，表示听众是 Alice，意思是"告诉艾莉丝，这是我的妹妹"。

This is my ↘ sister, ↘ Alice. 而在这句中使用了两次降调，强调了 sister 和 Alice 两个词，意思是这两个词是同位语，向听者介绍"这是我的妹妹，名字叫作艾莉丝"。

（四）语段功能（Discourse function）

语调的语段功能是由上下文的信息分布来决定的，经常体现在使用语调提醒听者对重要信息的关注。一般来说，在语言交流过程中，说话者通过语调单位构成信息单位，以连贯的调群来组成独立的篇章。所以对语调功能的探讨不能只停留在句法层次的分析上，还应加以语段层次的研究。最新研究表明，语调在语段交际中具有表明交际状态的功能，具体表现在它可以区分已知信息和新信息。例如：

——Did you see my ↗ coat?
——A ↘ black coat?
——Yes, a black coat with ↘ stars on it. ↘ Yellow stars.

在这个小对话中，第一句的调核落在最后的单词 coat 上。第二句的调核落在 black 上，因为 coat 这个信息前面已经出现过，信息含量低。第三句前一句落在新信息 stars 上，后一句落在新信息 yellow 上。通过调核的调整，对话双方相互传递并接收着最新信息，通过调核的位置来判断对方所强调的信息在哪里，从而推断出话语的有效信息。

三、英语语调的用法

英语语调不属于单个单词，所以它不影响单词本身的意义。它属于话语，故而不同的语调会向人们传递不同的信息。同样的一句"Thank you."用不同的语调给人带来的感受也完全不同，既可以向听者传递真诚的感谢之意，也可以向听者传达不经心的谢意。以英语为母语的话语者对语调的不同较敏感，他们往往较在意说话者究竟是以真诚的语气来传递信息，还是用带有讥讽的语气来说话。如果使用不恰当的语调，可能会引起听者的困惑或者产生歧义。错误的语调给人们的正常交流带来了诸多阻碍，引起的误会也更会影响人们的语言交际。Cruttenden 认为语调意义分为降调和升调两大类。前文提过 Roger Kingdon 的细分法，把语调分为平调和动调，在此基础上又细分为高平调、低平调、高升调、低升调、高降调、低降调、降升调和升降调等。无论采用哪种分类方法，都需要接触英语语调的几种基本调型，在此对平调、降调、升调和降升调四种基本调型的使用进行详细分析。

（一）平调

平调是英语语调中调核音高曲拱维持在高、低域之间，保持一个高度，不升也不降的一种调型，一般分为高平调与低平调两类。平调一般不表达任何感情，也不附带多的隐含意义。在语言交际中相对于其他几种调型，我们用到平调的时候并不太多，一般会在直接引语后面表明说话者使用平调。直接引语的重点在说话的内容上，所以与引语相比，后面对说话者的补充说明就显平淡，往往使用平调表述即可。例如：

"We are going to Australia," she said → brightly.（"我们要到澳大利亚去"，她兴高采烈地说。）

"What's your favourite fruit, Tom?" I asked → him.（"汤姆，你最喜欢的水果是什么？"我问他。）

（二）降调

降调是指语调单位末尾调核下降的英语语调，是英语中最常见的音调变化。降调一般表示确定和完整，意味着说话者认为此句话已经完满。它隐含的意义一般表示肯定、明确、严肃、坚定等态度。降调通常用在陈述句、特殊疑问句、表示命令的祈使句和感叹句中。当然不同程度的降调比如高降调、低降调和升降调等分别表示的肯定程度也不尽相同。平时话语交际中所使用的降调一般就是对调核所在的位置进行强调，表示肯定。例如：

Swimming is my favourite ↘ sport.（游泳是我最喜欢的运动。）这里的降调就是用于陈述句，表示肯定的意义。

Tell me the ↘ truth.（告诉我事情的真相。）降调用于祈使句，给出语气较强的命令。

当然也有特殊情况，英语语调具有随意性，所以也有将降调用在一般疑问句中，表示说话者不满、粗率或者不高兴的态度。比如：

Have you got the ↘ tickets?（你还没有拿到票吗？）在一般疑问句中使用降调表示了此时说话者已经等得不耐烦，带有不高兴的态度。

（三）升调

升调一般指在语调单位末尾声调上升的语调。升调所表示的态度与降调恰恰相反，表示不确定、不完整，有时表示话未说完，或者对观点持有保留意见，认为还有待研究，尚不能给出肯定结论。它所隐含的意义通常是委婉、不确定、迟疑、试探、延伸、鼓励、安慰等。所以升调一般用于一般疑问句，也可以用于表示不确定，带有疑惑、抱歉或带有询问意味的陈述句和语气委婉或者表示请求劝说的祈使句。在出现列举情况的陈述句中，列举还没结束前也用升调；在较长的陈述句的前一部分也可以使用升调。在特殊疑问句中偶尔也会使用升调，可以表示说话者委婉亲切的态度。例如：

Did you ↗ see him?（你看见他了？）通常情况下一般疑问句使用升调。

Come in and have a cup of tea, ↗ please.（请进来喝杯茶吧。）在祈使句中用升调可以使说话的语气更加委婉，让听者更容易接受。

You ↗ like him?（你喜欢他？）在陈述句中对陈述的内容感到疑问、困惑、不确定或者不耐烦使用升调。

What can I ↗ do for you?（我能为你做点儿什么？）在特殊疑问句中使用升调表示询问的语气热情亲切。

（四）降升调

英语的降升调也是常用语调之一，它把降调和升调联系在一起使用，通常用来表示在对某事肯定、有把握的基础上，附加一些保留、让步或隐含对比等态度。说话者如果使用降升调通常表示话里有话，听者需要注意言外之意。所以降升调的使用比较复杂，表达的感情也丰富多彩，可用来暗含对比、请求、同情、失望、相反意见、警告等等，常用于含有对比、保留意见或反对意见的陈述句，含警告口吻的祈使句等。例如：

It's going to ↘ rain, I'm ↗ afraid.（恐怕要下雨了。）在这句陈述句中，前面用降调，最后一个重读音节用升调表示附加了不肯定或疑虑的语气。

Well, I know her ∨ face, but I can't remember her name.（我认得她的脸，但我记不起她的名字了。）这句陈述句含有对比，所以在前半句使用了降升调。

Be ∨ careful.（小心点儿。）这句祈使句使用了降升调暗含警告的意味。

针对不同的情况，英语语调的使用是会发生变化的，故而有研究者认为英语语调有其规则性，但也有其随意性。英语的语调跟英语语音中的其他成分如重音、节奏、连读、强弱读等共同作用，相辅相成才能准确传递信息。因此学习英语语调既要掌握语调使用的相关规则，同时也要更多地在实际交际过程中模仿学习，在语流中学习根据不同上下文、不同语境使用不同的语调表达自己的情感态度。

随着中外交流的日益增多，英语学习者对在实际场景中使用语言的要求越来越高。然而我国英语学习者对英语语调的学习还大多停留于表层，实际运用起来往往"调"不达意。认识到英语语调在语音学习中的重要性，学习者的要求不再只停留于单个单词的正确发音上，他们更希望以地道的英语来准确表达自己的思想感情。Roger Kingdon曾说过："语音是语言的外壳，而语调则是语言的灵魂。"在我们实际语言交际中，英语语调是一个极其复杂的成分，它受话语者的说话意图、暗含感情和态度影响，随着语境和上下文的变化而变化。要达到使用英语语言准确无误向听者传递信息的标准，英语语调在话语交际和情感表达中所发挥的功能和用法分析就越来越凸显其重要作用。研究英语语调的功能和用法对英语语音的学习有着至关重要的帮助，能使学习者通过掌握英语语调的功能与用法，更准确地向听者传递自己的话语信息、意图和情感，以达到更有效的交际目的。

第三节 英语语调学习研究

语调指话语音高曲线的变化，能体现出人的情感，改变词语的意义，是语言系统中不可缺少的一部分，也是所有语言共有的特征。然而，汉语母语的英语教学者与学习者常常忽视语调的重要性，导致目前语调教学与学习方案存在严重不足。1967年召开的第六届语音科学国际会议预示着韵律研究开始遍地开花。英国诸多语言学家发展了调型理论，旨在推动语调教学研究。受结构主义的影响，多数美国的研究者基于调阶理论，开启对语调的探索。语调研究从抽象的概念，发展到如今用现代科技呈现语调具体表征。近年来，国内对语调的研究也进行得如火如荼，语调功能、语调与语义之间的关系等方面吸引了众多学者的目光。本节对英语语调的结构、英语语调的调型及话语中凸显的与意义的关系进行探究，并在此基础上，针对英语语调学习中存在的问题提出语调教学与学习的有效策略。

一、语调特征

（一）英语语调内部结构

句子有句法结构，话语亦有语调结构。Palmer提出语调由调冠（pre-head）、调头（head）、调核（nucleus）、和调尾（tail）组成。其中调核为调群的必要成分，而调冠、调头和调尾为可选项。研究者可以依据停顿（pause）、起首轻音节（anacrusis）、延时音节（lengthening）及非重读音节的音高重设（pitch reset）四个特征，来划分调群的边界。其中停顿是最常见的调群特征，但并非调群划分的绝对标准。起首轻音节指话语开头存在一个或多个无重音的音节，具有时长快与强度弱的特点。延时音节指一个调群中如果最后一个重读音节后不存在非重读音节，说话人则会经常延长该重读音节，该特征时长与停顿特征互补存在。非重读音高重设即非重读音节中出现音高水平或音高方向的变化，也预示着新调群的开始。这四个调群边界外部特征并不互相排斥，而是互为兼容，单一的特征无法划分独立调群。陈桦认为，当停顿与其他特征同时出现时，若停顿时长大于150毫秒，则停顿可作为边界特征进行统计；但若停顿时长不足150毫米，则将另一种特征作为调群边界指征计数。

调核为调群中必不可少的成分，Halliday认为调核是调群的核心，也是信息的焦点。调核通常体现为音高的明显凸显，即音高的突升或突降。音的响度、音高及音长等因素都是造成凸显的因素，但音高表征最为准确与直观。英语语调的调核有不同的音高体现，每种类型的调核声学表现得都不尽相同，对应的意义也有所差异。简而言之，英语虽属于语调语言，但是调型丰富多样，语调起伏度大，旋律多变。

与英国传统调型理论不同，美国语调研究者更倾向于调阶理论。在Pierrhumbert的自主音段——韵律模型中，包含了高调（High）和低调（Low）两个基本调。她认为英语语调分为三个部分：音高重音（pitch accent）、短语重音（phrase accents）和边缘调（boundary tones）。音高重音相当于英国传统调型学派中的调核概念，有H*、L*、H*+L-、H-+L*、L*+H-、L-+H* 和 H*+H- 七种类型的音高重音，短语重音有 H- 与 L-，边缘调包括 H% 和 L%。该模型中，声调具有离散性（discreteness）。也就是说，声调序列不同会产生意义上的区别，及高音与低音组合并非固定，而是可以进行离散重组的。

英国传统调型理论与美国的调阶理论都体现了英语语调的高低起伏，认为这种音高的高低起伏在语义区别上有区分作用。也就是说，了解英语高低起伏的节奏感所对应的语义，将使学习者在目标语交际中更加如鱼得水。

（二）语调调型特征

语调的起伏是音高的升与降所导致的，语调的升或降也能产生语义上的差别。英国传统调型学派与美国的音阶学派都认为，语调由升调（rise）和降调（fall）构成，升调指音高从相对低的位置向相对高的位置运动的过程，而降调指音高从相对高的位置向相对低的位置运动的过程。升调包括高升（high rise）、低升（low rise）、降升（fall rise），降调包括高降（high fall）、低降（low fall）、高升（rise fall）。在英语中，人们默认陈述句为降调，疑问句为升调。但也存在特殊情况，句子类型和语调类型间的关系并非绝对。

升调和降调与句法、语义、语用等相关联，是比较复杂的研究系统。Cruttenden在前人研究的基础上，对不同类型的升调与降调进行分析。如高降与低降都指调核音高从高到低的运动趋势，但高降体现出说话人调核音域较宽，展示出对所描述事件的热情较高，而低降体现出说话人调核音域较窄，展示出说话人对所描述事件兴趣一般。具体语调的语音特征体现出什么意义，还应根据说话情境与调核前语音特征共同判定。虽说语调是一种复杂现象，但了解泛式的语调语音特征，定能更清楚地理解语调意义，从而提高表达过程中的准确率。

二、语调的信息功能

（一）信息结构

布拉格学派提出的主位（theme）、述位（rheme）、交际动力（Communicative Dynamism）等观点为话语信息结构的发展奠定了坚实的基础。Halliday进一步指出，信息可分为新信息（new information）与旧信息（old information）。句子不同部分通常携带着不同的信息角色，如话题（topic）和焦点（focus），这种语法编码信息结构的方式也被称为"信息包装"（information packaging）。Clark和Haviland认为，已知信息是说话人认为听话人已经知道并且接收的信息，而新信息指说话人认为听话人不知道的信息。一般情况下，新信息是句子的焦点，是说话人想要强调的部分，包含信息更多，交际功能更强；旧信息则相反。信息结构中不同的部分，语调表现形式也是具有差异性的，其中凸显与焦点的关系尤为紧密。

（二）话语中的凸显与焦点

语调不只是话语的装饰，也能够对话语的语义产生影响。英语中词的重音位置不同，词义或者词性可能会不同。如black bird，如果重音在前面的词（'black bird），就表示乌鸫，一种类型的鸟；如果重音在后面的词（black 'bird），则表示黑色的鸟，无关鸟的种类。话语的语调高低不同，同样也会对语义产生影响。无论是英国传统调型理论，还是美国的音阶理论，语调中都存在凸显特征。Ladd 与 Hockett 都指出句子的重读常常和语调曲线的凸显相重合。凸显的音节或词组常常为句子的焦点（focus）。根据其范围大小，可将焦点分为宽式焦点（broad focus）与窄式焦点（narrow focus）。宽式焦点旨在强调整个句子，此时重音一般落于句子最右边的词。而窄式焦点强调句子的某个部分，凸显的特征即落于说话人所强调的部分。焦点可能是句子的主语，也可能是句子的宾语，甚至是整个句子。如下，提问方式不同导致回答句中的焦点也就不同，语调凸显的位置也就存在差异。a 中的焦点为主语，b 中的焦点为宾语，而 c 中的焦点为整个句子。

Who broke the window?

[Jim]F broke the window.

What did Jim break?

He broke[the window]F.

What happened?

[Jim broke the window]F.

从语气来看，凸显可分为信息表达凸显（expressive prominence）、对比凸显（contrastive prominence）、强调凸显（emphatic prominence）。信息表达凸显指对信息的强调。对比性凸显能改变句子的焦点位置，是不可预测的。如 a 中的焦点是 Jim，b 中的焦点是 Jack，由此可知"想吃冰激凌"是背景信息，b 中的焦点为了凸显想吃冰激凌的主体，Jack 与 Jim 形成对比，这属于对比性凸显。

[Jim]F wants to eat ice-cream?

No，[Jack]F wants to eat ice-cream.

强调凸显也与对比性凸显相关联，加强句子的某个部分可能是为了纠正说话人的某个观点，或为了突出事物的独特性，和说话人的陈述形成对比。如下，a 中陈述 Jim 喜欢吃冰激凌，b 中为了强调 Jim 喜欢冰激凌的程度之深，凸显了句末加强程度的"a lot"，以表达 Jim 对冰激凌的痴迷程度。这种凸显为强调凸显，有暗含的对比性。

Jim likes ice-cream.

Jim likes ice-cream[a lot]F.

此外，焦点能够改变句子的语义。如下，a 中的焦点为 Mary，表示只有找 Mary，而不是其他人解释这件事，也就是说只有 Mary 才能解释这件事。而 b 中的焦点为"to explain the thing"，重点是找一个能解释这件事情的人，并不一定必须为 Mary。两个话语的句法结构完全相同，但是音高重音的位置不同，导致语义存在差异。

You have to call[Mary]F to explain the thing.

You have to call Mary[to explain the thing]F.

简而言之，话语中的焦点能够增强相应词、短语的音高重音，产生凸显特征，已达到说话人强调该内容的目标。而已知信息则不会表现出凸显特征，因为这部分信息是说话人与听话人都知道并且接收的信息。

在汉语中，人们潜意识里也会通过增加强度、时长等特征，对新信息，或者想要突出的信息加以强调。汉语的语调特征也会对汉语母语的英语学习者产生影响，在语义强调方面也会有潜在的影响。因此，英语语音教学者在教学的过程中应引导学生在表达语义时，对新信息或者重点信息进行适当重读，以更清晰地表达自己的意图。学习者在陈述时，不应平铺直叙，产生的语调没有任何起伏。与话语中的已知信息相比，新信息与自身想强调的信息为音高重音，要产生起伏度。

三、语调学习问题与策略

语言语调包含语音表征、音系规则及语义体现等，全面地掌握目标语语调必然要从这三个方面入手。此外，也应该考虑到母语的语调对英语语调的掌握产生影响，发现潜在问题并解决。

（一）语调结构掌握的问题与策略

调群中包含不同的成分，一个调群可以表示一个意群，因此调群的划分对语言意义的理解有很大帮助。语调学习者在掌握目标语语调的过程中，可能存在调群切分不准确的问题。调群切分不准确的原因有两种，第一个原因是对调群结构不够了解，不熟悉划分调群的边界特征。第二个原因是对英语发音规则掌握不足，如在连读的地方没有连读，或者对某个单词发音不熟悉而产生了不必要的停顿。

为解决第一个问题，首先应从语调教学者出发。语调教学者首先要增加自身语调知识的储备。李景娜与陈桦对英语教师语调知识储备进行调查，发现许多国内大型英语口语考试的评分员语调知识掌握不够系统与全面，能通过意群来划分调群，但对于重音词及调群中调核位置掌握不足。只有教师更系统地掌握语调知识，学生才能准确地学习语调知识。针对第二个问题，重心更应该放在学习者身上。语音知识学习及传授较为普遍，存在的问题比语调知识少。因此，学习者要对英语发音进行自主反复练习，不断重复，加强对英语单词发音的熟悉度及连读规则掌握等。教师也应针对学生存在的发音问题反复纠正，双向改善调群切分中存在的问题。

（二）语调调型掌握的问题与策略

调型不仅能够体现出语言的韵律美，还能反映出说话人对所描述事件的态度及语气。卜友红通过对英语学习者语调掌握情况的研究，指出英语学习者常常用降调代替升调或者降升调，调形单一平缓。汉语语调相对英语语调更平缓，以降调为主。郭嘉和石锋也发现英语语音由于轻重交替的特点与受音高起伏的影响，起伏度要大于汉语起伏度。此外，汉语为声调语言，字调的小波浪叠加在大波浪之下，因此汉语句调种类不及英语句调丰富。英语学习者受到汉语母语语调的影响，对英语降调与升调的区别敏感度不足，容易出现调型错用的现象。

为改善这一现象，学习者应该掌握相应的理论知识，了解每种调型对应的意义。如降调表示对所描述事件的肯定，话语结束的标志。高降比低降的态度更热情，兴趣度更浓烈，升降能够表示对某件事情惊讶的态度。除此之外，学习者要能根据具体情境适当地调型以表达自己的态度。如陈述句中出现的升调表示质疑或申辩，降升表示对某件事情的惊讶，但所描述的事情与实际情况相反的话，则可以表达说话人讽刺的态度。在复杂句中，降调表达主要信息，而升调表达附属信息。此外，教师可以尝试采用类似关心语的方式进行教学，如降低速度使发音更清晰，停顿的地方时间更长，语调起伏更明显等。这样能让学习者更好地感知到英语语调特征，敏感的感知力也能提高对语调的掌握程度。

（三）语调凸显与信息关系掌握的问题与策略

语调凸显的位置与信息结构有关。旧信息及交际能力弱的地方，凸显性相对较弱。而新信息，也就是交际能力强的地方，凸显性则更强一些。学习者在掌握调型意义的同时，要注重特定情况下话语中凸显的位置。若句子为宽焦点，凸显的位置在常常最右端的实词上，窄式焦点的凸显则在说话人想强调的位置上。学习者在作为听话人时，若不了解句子凸显的位置是说话人想要强调信息的理论，就会抓不到句子的重点，难以正确理解说话人的意图。

因此，英语学习者首先要明确，若说话人在表示对比或者强调信息时，一般会凸显相应的信息。此外，可以和同伴一起设计句法结构相同、凸显位置不同的话语，尝试更好地理解该类句子的语义，以达到熟悉的程度。

语调习得研究既要扎根于理论，也要应用于实际教学中。要了解英语语调的内部结构特征，英语语调调型及调型所表达的意义，更要清楚特定语境下话语凸显与语义之间的关系。从这三方面理论知识入手，探究学习者在学习过程中容易出现的错误，针对具体错误给出相应的意见与建议，如在英语教学中增加语调调型意义的讲解，或教师在课堂上可将语调特征显著化，提升学生对语调的感知力及敏感度。全面理解语调知识，对目前英语语调教学存在的问题有很大的改善作用。

第四节　英语语调的语篇功能

语调作为英语音系层最重要的组成部分，具有体现词汇语法的语法功能，表达语气和说话人情感、态度的人际功能以及传递口语语篇信息的语篇功能。语篇功能（textual functions）是英语语调的主要功能之一。从文献资料来看，目前国内对于英语语调语篇功能的研究在范围、内容和层次上都取得了一定的成果，但研究的诸多方面尚存不平衡性，比如句法层面和语篇层面，语篇功能的表现和成因及语篇宏观制约机制等，且缺乏理论指导和具体语篇语调分析支持。针对此现状，笔者将以 Halliday 的系统音位学理论和篇章语言学的相关理论为框架，结合语篇语调分析实例，对英语语调序列的语篇功能进行梳理、归纳，并初步探讨它们在语篇层次的体现形式。

一、理论框架

语调研究以语调选择系统理论和语篇理论为指导有助于阐述语调语篇功能产生的动因及其语篇表现机制。下文笔者将简要介绍几个与本节相关的语调以及语篇语言学概念和理论。

（一）Halliday 的语调三重系统

Halliday 根据系统音位学（systemic phonology）理论从信息论的角度提出了英语语调的三重选择系统，它们分别为：调群切分系统（Tonality），调核位置系统（Tonicity）和调型系统（Tone）。三个子系统各有侧重，调群切分系统关注语调单位的构成及其边界特点；调核位置系统着重研究语调单位内部信息焦点的位置；调型系统关注语调单位内部的调型模式，尤其是调核调型。语调单位、调核、语调类型分别同信息组织传递过程中的信息结构，信息中心和信息功能相关，体现口语交际中信息传递的三个方面的选择。语调三重系统理论将句法、语调和信息三者有机地结合起来对语调进行研究，因此成为众多语调研究的理论基础。

（二）语篇和语篇结构

语篇（text），指的是任何长度的、表达相对完整的语义上的口头或书面语的段落。语篇具有层次性，常常把语段（任何长度的语篇片段）作为语篇的基本单位。语篇结构是语篇中各种成分之间的一种组织关系，包括微观结构（micro-structure）和宏观结构（macro-structure）。语法结构、词汇以及句子之间的衔接手段都属于语篇的微观结构特征。宏观结构涉及语篇主题、主题展开方式、语篇的体裁结构和修辞结构（也被称为"语篇模式"）等等，它是语篇的句子与句子之间以及更大语篇成分之间的逻辑——语义关系组织。就两者关系而言，我们要以语篇的宏观结构为基础来解释语篇的微观结构，从宏观结构中寻找微观结构成分出现的动因。

（三）小句关系理论

语篇中常见的一种宏观结构组织为小句关系（clause relations），即语篇中一个或一组小句与另一个或另一组小句之间的逻辑—语义关系。小句关系理论的主要创始人 Winter 和 Hoey 提出了三种小句关系模式（patterns）：问题—解决方法（problem-solution）、假设—真实（hypothetical-real）、一般—个别（general-particular）。在"问题—解决方法"的小句关系中，第一个小句提出问题，后面的小句提出解决问题的方法；在"假设—真实"的小句关系中，前一个小句是假设部分，陈述别人已经说过的观点或情况，后面的小句是真实部分，说明作者自己的观点，即支持或否定假设部分提出的观点或情况；在"一般—个别"的关系中，前面的小句陈述一般的或概括性的内容，后面的小句提供具体的例证或细节内容。Labovy 则提出了包含六个要素的完整的叙事结构模式（narrative pattern）：摘要（abstract）、定位（orientation）、细化行动（complicating actions）、评价（evaluation）、结局（result or resolution）、尾声（coda），其中定位、细化行动和结局是必须包括的。

二、英语语调序列的语篇功能

语调（Tone）是连贯话语中声音音调起伏运动（主要指音高，Pitch）所产生的旋律模式。英语调核载有两种基本调型：降调（Fall-tone）和升调（Rise-tone）。根据语调音高升降幅度的差异，升调、降调又可细分。同一类型的语调，音高的差别常表达意义的不同程度和不同的感情色彩，但语篇意义相似。例如高降调、低降调和升降调，在陈述句中高降调显得比较轻盈、活泼或表示关切，低降调传达淡然、随意或平静、温和的色彩，而升降调则常常表达一种强势降调。而从语篇功能角度说它们属于同一范畴，含有"肯定""明确""完整"等意义，可归为降调这一大类。

（一）语调序列功能概说

系统音系学认为，英语语调能体现口语语篇的信息结构，语篇功能是其主要功能之一。话语交际的信息结构建立在核心语调的选择上。在语调组内，通过选择调核的位置区分语调组内的新信息和旧信息。在口语语篇中，通过选择语调群组合内各个语调组的核心语调，区分前景信息和背景信息、主要内容和次要内容，从而实现语篇层次上不同功能的信息能够合理、有序地组织和传达，这就是语调序列（tonal sequence）。语调序列是对语调调型组合的语篇功能的讨论。

我们知道英语语调可以：（ⅰ）指示信息终结与否，降调表达完整、终结（finality），升调则表示不完整、未终结（non-finality）；（ⅱ）指示相邻两调群信息之间的关系，升调可以表达次要的、从属性质的内容和信息（informational dependence），而降调则表达主要的、支配性的内容和信息（informational ascendancy）。当语调选择的（ⅰ）与（ⅱ）两指导原则发生冲突时，原则（ⅱ），即指示调群之间信息关系的原则优先，这就是意义取向原则（Meaning orientation）。比如说，列举事物常用的语调序列为：升调＋升调＋升调…＋降调（即最后一个事物用表示完结的降调，前面都用升调），而如果说话人认为他所列举的事物每一个都很重要、都欲强调时，就可用：降调＋降调＋降调…＋降调的语调序列。例如：

a）***//3 Farmers in the machine AGE//3 also use the new FERtilizers，//3 new feeds，//3 new hybrid SEEDS，//3 and other HELP//1 developed by farm SCIENCE.//

b）//1 I seem to be suffering from all the illnesses iMAginable：//1 inSOMnia，//1 HEADaches，//1 indiGEStion，//1 hyperTENsion，//1 and pains in the STOmach.//

（二）语调序列的语篇功能

1. 升调＋降调

这是英语中最用的语调组合。升调包括低升、高升、平调和降升调等次类，可以表达已知信息、并列或从属信息，以及非终结语义。降调包括低降、高降和升降调，表达重要内容、新的或支配性的信息，或终结语义。其中升调常为低升调，尤其见诸于书面语朗读语篇中。例如：

a）//4 SurPRISEingly//1 it all worked out OK.//

//2 The SPEAKers//1 were John and Mary SMITH.//

b）//3 When the archaeologists reconSTRUCted the fragments，//3 they were aMAZED to find//3 that the GODdess//1 turned out to be ∧ a very MOdern-looking woman.//

——Lesson 3 An unknown Goddess

例b）属于典型的"句尾重心"句（End Weight）。这种句式在书面语中非常典型，故在这里专门提出。"在书写中，无法用语调来表明重要内容，所以只能依靠语序和分句的从属关系。一般的规则是把最重要的内容保留到句末,这样句子以某种高潮而结束。"

2. 降调 + 低升调

本序列中，降调表达重要内容、新信息或支配信息，升调表达次要内容、从属信息或事后补充的想法。例如：

//1 But I play SQUASH//3 on Monday EVEnings.//

//1 I do it THAT way//4 USUally.//

3. 升调 + 升调或降调 + 降调

在同一语篇中，为了表示同位关系，第二个语调组使用的调型应与第一个语调组的调型相一致，被称为"语调协和"现象（tone concord）。表达同位关系的两语调组之间，后一语调组信息是对前面信息的进一步细化、解释、补充和说明。例如下面例子中画线部分的前后两个语调群均表示同位关系。

a）//2 Do you know his DAUGHter，//2 GRACE?//

//3 Beijing ReVIEW，//3 a weekly magaZINE，//1 is published in several LANguages.//

b）//2 HOUses—//2 often three storeys HIGH—//1were built of STONE.//

//1 The city was even equipped with a drainage SYStem，//1 for a great many clay PIPES were found beneath the narrow.//

——Lesson 3 An unknown Goddess

4. 降调 + 降调

本序列中，两个降调分别表达两个独立的、同等重要的信息点或是说话人皆欲强调的内容。例如：a）//1 Ann said she'd help as much as she COULD//1 NAturally.//

b）//1 It's a bit too good to be TRUE//1 ISN'T it?//

例句b）尾附加小句用降调，表达说话人期望得到对方的肯定附和。

英语语调序列语篇功能的探讨是语调语篇层面功能研究的基础。语篇结构理论认为，语篇的微观结构受制于语篇的主题、中心思想和语篇宏观结构。因此，要判断语篇中调群之间的信息关系，仅凭脱离语境的句法结构和句子意义是远远不够的，必须联系调群信息所在的语段、语篇的主题和中心,看它在语篇整体组织和构建中所起的功能和作用。下面笔者将结合语篇结构理论,通过一则口语语篇语调分析实例,尝试探讨英语语调选择语篇层面的制约因素。

三、语篇语调分析实例

英语语调不仅具有口语语篇信息组织、传递功能,还参与语篇建构。笔者在语篇语调分析实践中发现,语篇中无论是语调群划分、调核重音位置还是调核型选择都与语调传达的信息成分在语篇结构中的位置及其重要性相关。下面笔者通过一个口语语篇语调分析实例,从语篇中调型选择的角度对此进行探讨。

(一)故事内容和结构介绍

故事《确切数字》是一个叙事性短篇,情节按时间顺序展开。某著名杂志的记者受委托写了一篇关于非洲某个新成立共和国总统府的文章,稿子寄来后却因没有提供总统府台阶的确切数字和围墙的高度而被编辑拒绝,并指示记者去核实这些"确切数字"。为了完成编辑下达的这个"重要"任务,记者立刻动身却为自己引来了"遭受逮捕、蹲监狱"的意外之灾,故而迟迟未能与编辑取得联系。最后,可怜的记者在监狱中终于获准发回了一份传真,将事情的原委和那些核实了的"确切数字"告知了编辑。故事批评和嘲讽了有些报纸杂志的编辑常常为了向读者提供一些无关紧要的事实和统计数字而走极端的奇怪现象。

短文共有两个自然段落,13个句子,分别用 Para.1,Para.2 和 S1,S2,S3…来表示。本节是叙事性语篇,这里笔者采用 Labovy 的叙事结构模式。语篇结构概述如下:Para.1(S1),对故事的概括性评价,点明文章的主题。S2—S4,故事的"定位"部分,简要介绍故事发生的时间、地点、人物和事件的起因。Para.2(S5),本段的主题句,记者按照编辑的指示立刻动身去获取那些所谓"重要的"确切数字,却迟迟不能将所获得的数字发回。S7—S11,故事的"细化行动"部分。本部分讲述杂志即将付样,编辑为催促记者屡发传真却迟迟得不到回复,无奈之下编辑只好勉强按原样发了稿。一周之后才最终收到记者从遥远的非洲发来的传真。S12—S13,故事的"结局"部分。

(二)语篇语调实例详释

本节笔者将从故事《确切数字》中选取能体现语篇主题和宏观结构的典型语段和句子,分析其语调运用情况,以探求英语调型选择与语篇整体语义和宏观结构的关系。

1.Para.1(S1)//3 Editors of newspapers and magaZINES//1 often go to exTREMES//3 to provide their readers with unimportant facts and staTIStics.//

本例句位于原文段首,是对文章的概括性评价,点明故事的主题——报纸杂志的编辑们常常为了向读者提供一些无关紧要的事实和统计数字而走极端。本句的语调序列为:T3+T1+T3,其中中间的语调组"often go to exTREMES"在朗读中接受降调,体现了本句的语义结构重心,突出了语篇主题。

2.Para.2（S6）//3 The JOURnalist//3 iMMEdiately set out to obtain these important facts，//13 but he took a LONG time to SEND them.//

本例句位于原文第二自然段的段首，画线部分的语调序列为：低升+降调。从语法结构，看这两个语调组合表示并列关系，但读完故事后得知，后一语调组表达的内容更重要。

3.Para.2（S7）//3 MEANwhile，//1 the editor was getting imPAtient，//3 for the magaZINE//1 would soon go to PRESS.（S8）//3 He sent the JOURnalist//3 two more FAXES，//4 but received no rePLY.（S9）//3 He sent yet aNOther fax//3 inFORMing the journalist//3 that if he did not reply SOON//4 he would be FIRED.（S10）//3 When the JOURnalist//3 again failed to rePLY，//3 the Editor//3 reluctantly published the ARticle//3 as it had originally been WRItten.（S11）//1 A week LAter，//5 the editor at LAST received a fax from the journalist.//

S7—S11：本语段属于语篇整体叙事结构中的"细化行动"部分，以"问题—解决型"小句关系模式体现。S7句提出问题，其中包括两个小句，后一小句是对前一小句的解释、说明，属于同位关系。语调组合结构 T3+T1/T3+T1 正好体现了这一对语义关系。

S8—S10 是有关问题解决过程的部分，其中的所有调群皆使用升调（T3，T4），S11 句中的两个语调组使用了降调（T1，T5），表明故事结局。一般表达"终结"语义的降调在这里体现的不是小句的，而是语篇宏观结构成分的完整性。同时可以看出，本部分调 3 的使用频率很高。证实了调 3 的语篇功能：在较正式的演说和朗读中，它常被用来将较长的话语截成较短的信息单位的手段。

4.Para.2（S12）//3 Not only had the poor man been aRREsted，//1 but he had been sent to prison as WELL.//（S13）//3 HowEver，//1 he had at last been allowed to send a FAX//3 in which he inFORMED the editor//1 that he had been arrested while COUNting//1 the 1，084 STEPS//1 leading to the fifteen-foot WALL//1 which suRROUNded the president's palace.//

S12—S13：本语段属于语篇叙事结构的"结局"部分，以"一般—具体型"小句模式体现。S12 是概括句，说明记者迟迟未能与编辑联系的原委，S13 句提供具体细节、说明。

S13：本复合句内的语调组基本上都选用降调，表终结意义。其中画线部分（分别以名词短语"the 1，084 STEPS"和分词短语"leading to the fifteen-foot WALL"体现，）中的两个"确切数字"是支持文章主旨的关键细节，饱含了对"迂腐"和"顽固"的主编们的批评和嘲讽。在朗读中它们分别构成单独语调群并使用降调，体现了表达"主要的""重要的"等语义特征的降调对语篇主题和中心内容的突出和强调作用。

本节以 Halliday 的英语语调三重系统和语篇宏观结构理论为指导，梳理、归纳了英语语调序列的语篇功能，然后通过一则口语语篇初步探讨了语调功能实现中的语篇宏观结构制约因素。正如 Paul Tench（1992）所言，一个调群选择何种语调是由该语调群中所包含信息在整个语篇中的地位高低，完整的还是不完整的，主要的还是次要的而决定的。语调不仅传达语篇信息，还通过调型选择突出和强调语篇重要功能成分，参与语篇宏观组织、建构。目前国内对英语语调系统的探讨和研究基本上还停留在小句层面。语言使用的基本单位不是词或句这样的语法单位，而是基于语境、表达相对完整思想、语义连贯的语篇（text）。因而对于语调系统的研究、语料的选择、实例的举证都应基于语篇，以语篇为单位。也只有将语调系统放在语篇中考察，才能对英语语调系统的特征和功能有一个全面、系统的理解和认识，这样的研究成果才更有价值和现实指导意义。

第五节　视点理论与英语语调

　　语调是指人们说话时声调高低抑扬的变化，是说话者口头表达的一种重要的辅助手段。当人们进行口头交际时，他们所说的句子实际上表达了两种含义：一种是词汇含义；另一种是词汇背后的语用意义。语调正是帮助我们理解词汇背后的语用意义的重要手段。一句话用不同的语调说出，不仅可以表达不同的含义，还能帮助表达说话者的态度和感情：高兴、悲伤、惊讶、烦恼、生气等等。

　　英语语调是语音学研究的重要课题，是超音段特征之一。英语中常见的语调有：降调、升调、降升调。降调表达的意义是：肯定、完结、明确，有时表示无礼，不容置疑、唐突的意味。升调表达的意义是疑问、不肯定、不明确、从属、未完结等，常含有委婉、含蓄、讲礼貌、虚心征求意见的意味；降升调表达的意义是有所保留、对比、让步、有言外之意等。如：

　　（1）He is a ↘ student.

　　（2）He is a ↗ student.

　　（3）He is a ↘↗ student.

　　例（1）句是降调，表达的意义是肯定的：他就是一名学生；例（2）句是升调，表达的意义是不确定的：他是一名学生吗？例（3）句是降升调，表达的意义有所保留：他可能是一名学生，又可能不是一名学生。

　　英语语调有语法功能、表态功能、强调功能、语段功能等。英语语调的语法功能是指语调可以指明句子类型和句子中某些成分之间的界限，消除句子的歧义。如：

　　（4）Those who sold quickly made a profit.

　　例（4）不加语调在语法上是有歧义的，它的意思可以理解成：迅速售出的人获得了利润；也可理解成：售出的人迅速获得了利润。加上语调，歧义就会消除。如降升调落在"sold"上，该句的意思就是：出售的人迅速获得了利润。如降升调落在"quickly"上，该句的意思就是：迅速出售的人获得了利润。

　　英语语调的表态功能指的是语调能表达出说话者的好恶和态度：高兴、生气、愤怒、感激等等，如：

（5）Are you ↘sure?

例（5）中，"sure"这个词上用了降调，表明了说话者的态度，有"威胁"或"征得最后同意"的意思。

英语语调的强调功能指的是通过调整一个语调群里的调核重音来突出重点信息，是一种最直接、最有效的强调形式，如：

（6）A：Did you say a lighter shade?

B：No, a ↘brighter shade.

一个语调群里的调核通常会落在最后一个重读音节上，而例（6）中 B 说的话的调核应落在"brighter"上而非"shade"上，目的是强调信息中心。

英语语调的语段功能则是根据上下文的信息分布决定的：在上下文中若某单词的出现是在预料之中的话，该词的信息含量就比较低；信息含量越高的词获得调核的可能性就越高，如：

（7）A：I've got to take the ↘dog for a walk.

B：I've got to take the dog to the ↘vet.

例（7）中，A 句的调核在"dog"上，B 句的调核在"vet"上，这里调核的选择是依据信息的含量。B 句中 vet 的信息含量高于 A 句中的 dog，因为遛狗基本是每天要做的事，而带狗去看兽医则不是每天要做的。所以 B 句中利用语调引起听者对重要信息的注意，这就是语调语段功能的体现。

在这四大功能中，语调的表态功能运用得比较复杂，几乎没有规律可循。例如：Thank you 这个短语如果用降调，就表示真诚的感谢；如果用升调，则表示热情的应答。英语的特殊疑问句通常都是降调，但在实际的语境中我们能听到很多用升调甚至用降升调的情况。有人认为特殊疑问句用升调使话语显得友好，带有鼓励的含义，这就与"公事公办"的降调形成了鲜明的对比。Wells 称这种语调含义为"鼓励的升调"。

因此，英语语调和句型之间有着非常规的搭配关系，两者之间不是一种规约。一个特殊疑问句可以用降调或升调或降升调，一个陈述句也可以用这三种语调，只是表达的含义不同罢了，如果将句型和调型一一配对，就无法正确地使用语调。

一、视点理论简介

视点原本是修辞学和文学中的术语，后又引起了语言学家的关注，成为语言学中研究的对象。Van Dijk 认为视点是语用学中的一个概念，既涉及语义，又涉及语用等方面。熊沐清认为，视点是制约语篇深层结构（即语义）的一种图示，反映人们看待对象世界的角度和态度，支配着对象的选择和组合，从而又影响语篇表层结构（即形式句法）的组织。视点既存在于语篇，又存在于句子和单词层面。只要有语境，任何话语形式中都有可能有视点。唐淑华认为："视点是制约句子或语篇结构的一种图式，反映人们对叙述对象或听话者的态度，决定人们对叙述采取的角度和方式，支配着叙述内容的选择和组合，从根本上影响句子和语篇的组织和选择，彰显认知主体对客观世界认知的表现形式。"由此可知，在实际的交际中，人们会根据具体的语境，选择恰当角度和方式来表达自己的观点和思想；他们所选取的视点体现了他们的价值观、信仰以及对待具体事物的态度。

Roger Fowler 把视点划分为三类：时空视点、观念视点、心理视点（又称知觉视点）。熊沐清采纳了 Fowler 关于时空视点和观念视点的说法，但把他的心理视点按其实际含义改为叙述视点，并另立知觉视点一类。所以他将视点分为：时空视点（spatio temporal point of view）、观念视点（ideological point of view）、叙述视点（narrative point of view）、知觉视点（perceptual point of view）。时空视点指人们观察和呈现对象世界时所依循的时空角度和位置，包括时空的起点和移动的顺序。观念视点涉及价值观和信仰体系，反映人们对于对象的态度。叙述视点中的"叙述"是广义的，泛指任何陈述，陈述的过程就是语篇的体现过程。叙述视点的语言标记主要是人称。知觉视点关注知觉的对象，包括起始和终结两个部分。两部分各有一个支配性信息，即知觉的起点和终点。其中，时空视点提供一个时空框架，观念视点表达言语行为中蕴含的言说者的价值判断，叙述视点描述话语发出者和接收者的关系，知觉视点制约着信息的选择和组合。句子、语段和语篇就是这样同时受着四种视点的不同形式的影响。

人们在进行口头交际时既表达了言语的词汇意义，又表达了词汇背后的语用意义。语调是帮助我们理解语用意义的重要手段。然而，语调的使用比较复杂，我们不能将句式和调型一一对应，而要在具体的语境中去理解和使用语调。视点理论中的时空视点、观念视点、叙述视点、知觉视点都和英语语调的运用有直接的关系，可以使我们从新的角度去理解三种英语语调的动态运用。

二、视点理论对英语语调运用的阐释

（一）英语语调的运用是观念视点的体现

熊沐清认为：观念视点既通过语义手段（如用词），也常利用语气、声调等手段来体现价值判断。所以，在具体的语境中，语调的运用反映了说话者对对象的不同态度和情感，如：

（8）A：This is my wife.

B：She is pretty.

例（8）中两人正在看其中一人的家庭照，在"pretty"这个词上，B 如果用降调，就表达他对 A 的妻子的赞美；而如果用升调，则表达他的一种鼓励的态度，实际上 A 的妻子不一定那么漂亮；而如果用降升调，则表明他话里有话，表达的意思可能是：A 的妻子虽然漂亮，但不善良或其他什么的，这可能造成对方的不快，使得后续的交际无法展开。

（9）Where are you ↘ headed?

例（9）中，若该句话是一成年人问另一成年人，并且"headed"这个词用降调，这是一种对等关系的正常询问；而如果一成年人对小孩问：Where are you ↗ headed?

该句用的是升调，则表达了成年人想拉近和小孩的距离，以一种亲切、鼓励的态度来询问，表现一种共享身份的感觉，使小孩觉得放松，没有压迫感，从而有助于促进交际的成功。

由上述分析可见，我们在使用语调时，不妨撇去句型和调型的对应关系的影响，以自己和交际对象的关系为立足点，以要表达的态度和情感为出发点，选择恰当的语调。

（二）英语语调的运用是叙述视点安排的需要

在语篇分析中，叙述视点的分析侧重于说话人和受话人的关系。在言语交际中，交际者会因彼此的关系采取不同的叙述视点，从而运用不同的语调来表达自己的观点，正如蒋红柳所言："言语交际双方在话语过程中的不同关系在很大程度上决定了使用者的语调"。如：

（10）A：Take a ↘seat.

或 Please take a ↘seat.

例（10）中降调的使用表明说话人在行使某种权利，即使是加上了"please"也是一种命令的口吻。正如 Tench 等学者指出：使用降调还是升调与话语者的社会地位有关。降调显示出告知、命令、要求等带有居高临下的口吻；升调则表示询问、请求或屈从，带有尊重、敬畏的口气。这两种语调均表示了权力话语，是表明社会身份和地位的有效手段。

（11）A：I don't drink ↘coffee.

B：Would you like a cup of ↘tea，then？

例（11）是客人 A 和主人 B 之间的对话，客人说不喝咖啡，主人说的话是一般疑问句，但用的是降调，表面是提问，其实等于说"那就喝杯茶吧"。主人 B 的话表面是询问，但实际是一种潜在的命令：客人不喝咖啡，那就喝茶。所以 B 句中降调的使用彰显了主人和客人的社会关系和地位。

（三）英语语调的运用是知觉视点安排的必然

知觉起点通常是言说的出发点和话题，知觉终点则是言说的内容，即新信息。人类的认知规律是从已知到未知。在一个语调群中，为了突出新信息，调核总是位于携带新信息的那个词的重读音节上，而调核是接受语调的。所以，语调的运用满足了人类从已知到未知的认知规律，如

（12）A：Have you got any in dark ↗grey?

B：No，only ↘light gray，I'm a ↗fraid.

A：I'll have the one in light ↘blue ↗then.

B：But we have ↘dark blue.

在例（12）中，A 的话中"grey"是新信息；在 B 的话中，"grey"成为旧信息，新信息是"light"，所以接受语调。在 A 说的第二句话中，"light"成为旧信息，"blue"

成为新信息,所以接受语调;在 B 说的第二句话中,"blue"成为旧信息,"dark"成为新信息,所以接受语调。

(13) A: I want some ↘shoes.

B: What ↘kind of shoes?

A: ↘Sports shoes.

B: How do you like this pair of ↘black shoes?

在例(13)中,随着每一句话中新信息的改变,语调的位置也发生了变化,这正满足了人们用已知信息去获取未知信息的认知规律。

(四)英语语调的运用是时空视点的必然反映

唐淑华认为每个语篇乃至每个句子都必然存在某种时空视点,在很多情况下它只是不明言的"此时此地",往往隐性地存在着。人们总是本能地从自己所处的空间位置和时间位置去观察和说明自己见到的客观世界。所以,在言语交际中,人们可以通过运用不同的语调来表明他们所处的时空角度和位置,如:

(14) Will you stop ↘talking!

(15) Don't open the ↘door.

例(14)、(15)中使用的都是降调,表明说话者的语气比较强硬,也可以推断出说话者说话时和受话者会有一定的空间距离,才能显示出他强硬的态度。如果一个人试图对听话人保持一定的距离,或对他人的观点持有反对意见,但又不便直说,那他就会利用语调来委婉地表达自己的真实态度。而在例(9)中如果使用升调可以推断出说话者想拉近和受话者之间的距离,想使自己和受话者处于同一空间位置,使自己的话语显得亲切,使对方感觉没有压力。此时,他与受话者的空间距离应该也不远,表示对对方的友好。由此可见,交际中说话者和受话者所处的空间距离的差异能表明他们的社会地位、亲疏关系,这也促使他们用不同的语调进行交际。

罗杰·金登曾说过:"语音是语言的外壳/载体,而语调则是语言的灵魂。"可见英语语调的正确理解和使用不仅对思想的交流、情感的表达起着重要作用,更对发挥语言的交际功能和信息功能起着不可忽视的作用,使用不当会造成语用失误,影响交际。从上文的分析中我们可以看出:语调与句型之间不是一种规约,它们之间的非常规搭配往往具有特殊的含义。我们在学习和使用语调时不能死记硬背和生搬硬套,否则就无法恰当地运用语调。视点理论给我们提供了新的视角来了解英语语调运用背后的认知机制:交际者选择不同的语调来表达自己的观点和态度是受到一定的视点管制的,正是视点制约着交际者的语调运用。

第六节　汉语对英语语调的影响

以前中国学生在朗读英语时主要侧重语音的练习，即主要练习元音和辅音的发音，局限在单个单词上。但是很多学习者在学习英语时有一个共同感受，即单个单词的发音标准了，并不代表朗读英语就地道了。所以越来越多的人把关注的焦点转移到语调和重音等超音段现象的研究上来。音段结构和超音段结构相结合，构成了一个语言的实际语音系统。汉语不是纯语调语言。汉语单词由声母、韵母和声调组成，每一个词都有四个声调（阴平、阳平、上声和去声）并且具有区分词义的功能。例如"我买（mǎi）了一匹马"，上声表示我付钱买了一匹马。而"我埋（mái）了一匹马"，阳平表示我将一匹马埋在了土里面。声调在汉语中也叫字调。在汉语语音中，字调是叠加在语调上的，它会因语调的抑扬而稍有变化，但是语调不能改变字调，因为汉语的字调有其字义。相对于汉语来说，英语是纯语调语言。英语单词由元音和辅音组成，单个单词无固定声调，不区分词义。英语句子的语调具有信息功能，通过句子语调，能体现出说话人的情绪。例如："oh my god"如果用平调，会表现说话者轻描淡写的态度；如果说话者使用升降调发出"oh my god"，情绪就强烈得多，有可能表示吃惊、气愤等强烈的情绪。正因为英汉两种语言体系存在语调的差异，汉语的声调可能会对英语的语调产生负迁移。

一、语调的差异造成的影响

虽然汉语既有声调又有语调，但是汉语的语调一般只在句末的声调基础上稍作调整。汉语的声调不会因为语调的变化而变化；而英语是纯语调语言，在英语音高变化及基频模式结构中起决定作用的是语调，其次是重音。英国传统是将英语语调的结构分成4个部分，即：调冠、调头、调核和调尾。调群内最突出的音节就是调核，它是信息的焦点。O'Connor 和 Arnold 从方便外语教学出发，基于英国传统，区分了2种"调冠"（高调冠和低调冠）、7种"调头"（高调头、低调头、升调头、降调头、下滑调头、降阶调头和攀升调头）、7种"调核音调"（高降、低降、升降、高升、低升、降升和平调），之后又将英语本族语者日常口语中最常见的调型归纳成10种(Ten Tone Groups)。很多中国学生在母语为汉语这种非纯语调语言的影响下，对语调的敏感度不够高，导致中国学生在读英语时语调变化不如本族语者丰富，常表现出语调升降起伏不明显的现象。具体表现在：

中国学生由于对调核的概念不明确，对调核在英语中的作用不够了解。因此在朗读英语时经常找不准调核的位置。

例如：在陈述句"My husband's left me"中"left"是调核，而中国学生也许会出现将其他的词作为调核。比如一名某大学研究生就误将"husband"作为调核。

对于英语语调来说，英语中的调核通常在调群的最后一个重读音节上，后面若有非重读音节，则语调继续上升，但是其响度不能超过调核。而汉语母语者的学生习惯了汉语在句尾作调型变化的特点，受汉语句尾调型变化的负迁移作用，中国学生朗读英语时，也常常习惯在句尾作调型变化，而不管最后音节是重读音节还是非重读音节。例如："Is he a language student?"中国学生常常误将"dent"进行重读。

调群划分的差异。英语是"形合"语言，句子的各个部分都是通过连接词紧密地连接在一起的。因此，朗读英语句子时，本族语者常会根据意群停顿。重读的音节音高较高，音强较大，朗读的时候花费的时长要长，非重读的音节一般会出现连读等现象。调群是英语语调的基本单位。一个调群可以是一个句子、从句、短语或者词组，甚至是一个词。英语调群的划分、调核的位置及调型的类型都影响了信息的传达和意义的表达。而汉语重意合，每个部分是由内在意义联系起来，表面形式不重要。以汉语为母语的中国学生往往对英语调群的划分不是很敏感，常出现该停顿的地方不停顿，不该停顿的地方停顿的现象。

例如："One Sunday morning my friend came around to visit me and you know we were just have a cup of coffee and then she said 'my husband left me'，"在这句话中，本族语者将"and you know"作为一个调群连读，在"and you know"后进行短暂的停顿。而中国学生却会将"and"和"you know"分开进行停顿。出现这种现象的原因可能是中国学生机械地以句法结构来划分语调，在一看到"and"后就立即进行停顿，而没有考虑到说话人的情绪表达和整个句子的整体语调。

声调的负迁移。"The reporter told me about it."在这一句话中，"the"是非重读的，但是受汉语字调的影响，很多中国学生习惯于使每个英语都带上声调，并且英语单词的声调趋近于其表达汉语的字词的声调。因此会出现将"the reporter"读做"∨ the ∨ reporter"的现象。这句话的中文读音是他告诉我这件事（tāgàosùwǒzhèjiàn shì），整个句子基本上是上声和去声。有的中国学生就以汉语的声调代替英语句子的语调，一路降下来，将其说成了汉语腔调的英语。

三、重音的差异

英语是一种典型的重音语言，与声调在声调语言中的作用一样，重音在这类语言中具有区别词义的功能，同时它也是韵律音步的重要成分。英语中的重音比汉语中的重音复杂得多，它不仅具有辨别词义、词性的功能，一个多音节的词往往还分为主重音和次重音，并且每个单词的重音位置是相对固定的。例如在 ad，minis，tration 中，"tra"重音级别最高，是主重音，"mi"次之，是次重音，其余的音节都是非重读音节。这样就形成了三个重音级别：主重音、次重音及非重读音节。而汉语中各音节的轻重音差别不明显，且位置要求也不如英语的严格。轻音在汉语中反而比重音更具有凸显作用。例如：大意（主要意思）、大意（疏忽，形容词），实在（不虚假，形容词）、实在（扎实，形容词）。重音具有标界的功能和信息传递的功能，而中国学生在学习英语时，由于受到母语的影响，对重音敏感度较低，因此在英语学习中常常抓不住重读，而导致语调凸显不对，句群划分不正确的现象。

在简单陈述句中，中国学习者的多重音模式较本族语者明显。

英语是重音节拍语（stress-timed），而汉语是音节节拍语（syllable-timed）。在语流中，英语重读音节单独或者与不同数量的轻音节组合成音步，而各音步具有大致等时的特点，所以弱读音节必须缩短时长，重读音节要相应地延长时长。因此整个英语语调听起来抑扬顿挫。中国学习者受母语的影响，对声调和音节对称性具有较强的心理预期，使其难以习得英语以重音为点、音步对称的节奏特点。这种差异也就常常会导致中国学习者处理一个简单句时会出现多重音模式。比如之前举的一个例子："the reporter told me about it."中国学生会将非重读音节"the"重读。例如："The life of a successful pop singer is not at all easy."中国学生除了调核"easy"重读外，重读的可能还有"life、successful、pop、singer、和not at all"等多个词。这种多重音的模式就有可能是受到的汉语音节节拍的负迁移影响。

对句重音把握不准。由于汉语是通过声调的变化来表明词义的，因此在一个句子中，不同的声调组合能表示不同的语义，对语调及重音不太敏感。而与汉语相反，重音是英语中区别语义的重要手段，一般来说，英语的词重读是比较稳定的，但在特定语境中，英语的重读可能出现移位的现象。在英语句子中，句重音是与英语语调密切相关的。一般情况下，一个句子的重音总是落在单词的重读音节上，但是由于说话者的表达意图或者强调对象的改变，重音可能落在其他词上，甚至会落在非重读音节上。英语重音总是跟英语语调以及说话人的语气和态度紧密地结合在一起。所以，在朗读英语时，本族语者会习惯于把要强调的重点更加突出，而听者也把注意力集中于带有重读的音节上。这是因为句重音是这句话的"信息中心"，没有了句重音，听话者也就很难捉摸和理解说话者的意思。由于没有意识到句重音与语调以及信息传递的重要关系或者缺乏这种意识，因此很多中国学生在朗读英语句子时不是受母语的负迁移产生多重读现象，就是该重读的时候没有重读，语调平淡。对于一个句子——尤其是复杂句子，不确定句重音应该在哪里，哪里应该连读，会导致整个句子的重读和语调不地道。而且受到汉语的影响，很多英语初学者在听英语的时候也不是跟本族语一样听句重读音节，而是更倾向于听每个单词，在听到每个单词后确定句子的意思。除此之外，缺乏对英语的重音重要性的意识也是干扰英语语调学习的重要因素之一。

英语为纯语调语言，语调和重音在英语句子朗读中占有很重要的地位。而汉语是非纯语调语言，不仅有语调，而且有声调，并且声调不会因为语调的改变而改变。基于两种语言的不同，生活在汉语环境的中国学习者在学习英语时难免会受到母语的影响，导致朗读的英语语调带有"中国腔"。本节从语调和重音这两个切入点入手，对汉语、对英语的语调负迁移进行了分析。虽然这种负迁移在一定程度上是不可避免的，但是通过了解英语语调和汉语语调的特点，进行有意识的区分，可以帮助我们避免负迁移。

第六章　英语语调创新研究

第一节　英语音高与英语语调关系

一、英语的音高变化

从物理角度看,音高与物体的振动频率相关。在语言中,音高的语音物质形式表现为声带振动基本频率的变化,虽然基音频率不能简单等同于音高,但是在语言中基本上对应音高。音的本身只具有二元性,非高即低,而音的二元变化在语音学上则具有重要意义,即音的变化直接关系到语意的表达。音的变化涉及音高的阶变与音高的滑变,即音的高低变化和音的方向变化。在英语中,声调仅出现语调构造成分的调核重读音节上,语音学上称其为核心调,简称声调或调。在下文中,音高的滑变和调是两个可以互换的概念,只是前者侧重表明音高变化的曲拱特征,后者则侧重语调构造功能。在话语中,声音的高低起伏表现为音高的阶变和滑变有规律的变化组合。说话者只需控制声带的振动频率即可实现语声音高的变化。

（一）音高阶变：高低变化

英语音高的高低变化界定为,说话人的音高从高到低或者从低到高的变化。音高高低变化被称为阶变,由升阶和降阶组成,即说话人保持音的持平延续而进行提高或者降低音高,从而形成高平音高和低平音高。说话人的音高表现为阶梯式的升高或者降低,音高只是在纵向层面上变化。

人们说话时声音所能达到的上限和下限即最高音到最低音之间的范围,我们称之为音域。人们说话时音高的上下变化幅度,即最高音到最低音之间的范围,我们称之为调域。在调域内,音高阶变按照大致的尺度分为高、中、低三级阶变。高、中、低阶变分别对应语调构造系统中除调核音节之外的构造成分。调域在音域内的整体上移或者下降,形成强调作用,调域的整体移动通常出现在说话人极端情绪状态下,如非常生气、悲伤的状态。说话人的调域整体相应地显著提高或者下降。

（二）音高滑变：方向变化

音高的方向变化可以由音高的滑动体现,从低往高或者从高往低进行抛物线型的滑动,从而形成滑升音高和滑降音高。

滑变仅出现在语调构造系统的调核音节上。滑变的起点和终点在调域中的位置,以及从起点到终点之间的音幅,都体现出不同的语音学意义。这涉及音节和语句层面。在音节层面,音高在单词的主重读音节达到最高,然后从最高点进行滑升或滑降,但是这种滑变不构成调,只表示单词的重音,突出单词的重读音节;只有当滑升音高和滑降音高出现在语句层面的语调群中核心调的重读音节位置时,才构成调。

音高滑变度首先必须明确的是滑变起点到终点的幅度,实质上这是调的实体。音高滑变的起点和终点在调域中的位置,这属于语音学范畴。调在音域中的高音区和低音区肯定表达不同的语音学意义。根据英语音系规则规定,一个语调群中只有一个调核音节,音高滑变只出现在调核音节上。也就是说,一个语调群只有一个调。

(三)音高调值

调域的高低和宽窄因人而异,即使是同一个人,由于说话时感情或语气不同,调域的高低和宽窄也有差异。音高在调域中的不同位置称之为调值。人们通常把音高的程序分成"低、半低、中、半高、高"五度。英语音高调值具有以下特点:

(1)调值在调域内的位置是自由的,可以高一些,也可以低一些,即英语音高为自由音高。

(2)调值选择的自由,调值在三级阶变之间并非等比变化的,从一级阶变跳至另一级阶变个体之间完全不一样,即使同一个体在不同场合、不同语境、不同情绪状态下也可以完全不一样,关键是调值之间的显著差别。

(3)英语句子语调的基本调值为3度音高,即说话时通常使用音域中部。通常,3度音高在话语中一般保持不变,说话人在句子开头或句末才根据话语语调调型的不同而做相应的高低升降变化。

二、英语语调

(一)语调构造

对于语调的构成成分,本节采用 Peter Roach,Alan Cruttenden 等人的语调构造系统以及对构造成分的界定,英语的语调结构由四部分组成:调冠、调头、调核和调尾。值得指出的是调核成分,调核指语调群中带声调(tone)的重读音节,是语调群中最突出的音高重音(pitch accent),调核音节也是构造成分中唯一必不可少的。换言之,语调群中只有调核成分具有声调,而其他构造成分只是一系列的音高阶变序列。说话人在语调构造成分上运用的音高一系列变化则组成了话语的语调。

(二)语调的调型

"语调是话语人说话时的音高高低抑扬变化。"因此通常指以语法结构的句子作为语调载体。

人们通常认为语调可以分为平调和曲折调两类。西方语言学家在平调细分为低平调和高平调两种调型上，意见比较一致。但是平调调型出现在核心调位置非常罕见。平调的音调在理论上应该存在起点和终点，在调核音节上，由于调的起点和终点落差趋向零，因此调变成延续的持平音高，这时音高和调合二为一，实质上就只有音高起作用即平调实际上为持平音高。为了与曲折调对比，本节保留平调这一说法。

笔者认为语调可以分为平调、滑调和曲折调三类。对于滑调，笔者认为可以仅指升调和降调，因为它们都是由音高从低往高或者从高往低单一滑动来完成，曲折调则是滑调的组合。对于曲折调的调型，各个语言学家分歧很大，有人根据音高的上升下降以及它们的升降组合界定曲折调调型，如升降调、降升调等。本节的核心调调型采用 Peter Roach 的模式，分为：升调、降调、升降调和降升调。从狭义层面，本节也把语调调型简称为升调、降调、升降调和降升调等。

由于核心调对句子整体句意的表达至关重要，因此国内书籍多把核心调的调型称为语调调型，但是语调绝不等于核心调的调型如升调、降调等。语调与通常称谓的升调、降调等有本质区别。升调降调等是描述调核音节的音高滑变，根据其音高起点和终点的关系以及走向而命名为升调或降调等。核心调的声调有限，基本处于二元化，非升则降，但是核心调的声调可以进行组合，形成如升降调、降升调等不同的但有限的调型。如前文所述，语调是话语整体音高变化的概括。因此核心调有限的调型根本无法概括话语整体音高的变化，核心调在句子中的位置不同，都会引起语句整体音高的变化。这样就出现无数语调调形或语调类型，因此可以说有无数的语调类型，却只有为数不多的调。但是为了表达方便，从狭义上讲，可以把核心调的调型称为话语的语调，如升调、降调、升降调。但是两者有着本质的区别。

（三）语调的功能

"语调是语句的整体音高体现，因而使得英语的语调对于区别语句的表意有重要的作用。"在连贯语流中，语调具有以下四个表意功能。

1. 语调的语气功能。不同的语调可以表示不同的语气。西方语言学家对核心调的语气功能看法较为一致，他们认为降调通常可以表达叙述、肯定、命令、完成等语气；升调可以表达疑惑、未完、请求和鼓励等语气。

2. 语调的语法功能。语调的语法功能体现在区别书面语歧义只有根据说话人的语调才能消除的层面。例如：Those who sold quickly made a profit. 这个句子的歧义只有依赖说话人的语调来消除。

a.|′ Those who′ sold ∨ quickly|made aprofit.

b.|′ Those who ∨ sold|quickly made a profit.

升降调的位置不同以及语调群的划分可以提供两种解释：

a.A profit was made by those who sold quickly.

b.A profit was quickly made by those who sold.

另外，语调的语法功能表现在选择核心调调型来表示不同的句子类型，比如升调表示一般疑问句、降调表示陈述句等。

3. 语调的语篇功能。语调的语篇功能主要表现在以下两个方面：a.信息聚集作用；语调的语篇功能主要表现在核心调调型的确定以及其在语句中的位置确定对信息重要性的突出作用。英语语调利用调核把未知信息凸显出来，使之成为话语焦点。说话时说话人为了突出某信息，常常需要调整调核位置，使其提前出现或出现在较明显的位置上。b.话语行为的提示调节作用。

4. 语调的信息功能。语言的最终功能是传达意义。语言这一功能是通过其子系统如音位、词汇、语调等来完成的。而语调在英语中也能够表达出"信息是什么"的作用。语调群中各关键成分的音高帮助确立已知的、新出现的、主要的、次要的以及不完整的信息的地位。从而完成表达信息的功能。

三、音高与英语语调的关系

（一）音高变化与语调构造成分的对应关系

根据上文制定的规则，音高变化与语调构造成分的对应关系为：调核前的音高使用阶变，调核音节使用滑变，调尾音高跟随调核走向。

英语发音系规则规定，在语调构造系统中，调冠和调尾处于从属地位，遵从规定性的音高选择，而调头和调核的音高选择则决定着语调整体的音高走势。由于调尾音高只能跟随调核音高的走向，因此下列语调音高模式中，调尾音高不列入音高序列中。由此得出四种最基本的语调音高模式：

（1）低（P）+低（H）+低（N）：调冠、调头、调核起点保持在一样的音高，均处在低音区，这种音高走势多见于升调，音高从调核起点逐渐上升。

（2）低（P）+低（H）+高（N）：调冠、调头保持在一样的低阶变，调核起点处于高音区，这种音高走势多见于降调。

（3）低（P）+高（H）+低（N）：低调冠，高调头，低调核，调头的尾部向调核起点无限靠拢，甚至音高趋向与调核起点完全一致。此音高模式也是英语最常见的语调走势。从调头至调核之间的重读音节的音高使用中阶变，中阶变音高也仅仅落在调头至调核之间的重读音节，每个重读音节比前一重读音节下降一级，降至与调核起点靠拢，从调核音节起音高可上升，也可下降。

（4）低（P）+高（H）+高（N）：低调冠，高调头，高调核。这种音高走势通常在极端情绪下使用。

通常话语整体的音高走势为：调冠升阶跳至调头起首音节；调头逐级下降，向调核起点靠拢；调核滑变，调尾随调核走向。

英语本族人多使用高调头起头，当然也存在低调头起头，但并不普遍。如果以低调头起头，核心调为滑升调型，那么不存在调冠与调头之间的音高跳跃，也不存在调头中重读音节音高阶变等级的变化；如果以高调头起头，核心调为滑降调型，并且调头中存在两个或两个以上的重读音节，各个重读音节的音高等级稍有变化，呈渐降趋势。但是重读音节后的非重读音节音高与它前面的重读音节音高应保持一致。

（二）音高对语调的影响

在语言中，语声实体由音段的音质成分和超音质成分构成。音高是构成语调最本质的、最重要的超音质成分，依附在音质成分，从而构成语调的语声实体。

除了音高外，还有涉及语调功能的其他韵律作用，如音长、音强和发声因素等伴随现象也被列入语调范围。这样就把语调处理成有独立语音功能、有可分割出的一定独立音理范围的语音手段，超出这一范围的语音现象只能放到节律的大范围里去讨论了。因此研究语调实际上是研究音高，尤其是研究语调构造系统中的关键节点音高之间的相对关系。

在语调语言中，音高可以确定语调的不同模式。语调的高低升降主要是各音节调域整体的高低升降和宽窄的变化。当语句中各音节的调域依次下降变化，就形成语调中的降调；依次上升变高，就形成语调中的升调；某一个或几个音节的调域特别宽，就起到了语调中的强调作用，也就是所谓强调重音。每个音节在语句中的调域地位可以很高，也可以很低；可以很宽，也可以很窄。因此，音高在话语中的高低升降就构成语调。

（三）音高对语调曲拱的影响

语调作为话语语音的伴随因素，则无可避免地牵涉到声音的高低升降变化，从而使音高成为语调最基本的构成因素。但是必须明确的一点是，音高在英语话语中无固定的调值。

音节的调值变化在很大程度上反映了语调调形的变化，调值变化大的语调调形起伏变化也比较大，调值变化小的语调调形相对也较平稳。同时调值变化的大小也能在很大程度上反映语调调域的高低宽窄。在英语句子中，非重读音节的调值明显低于重读音节的调值。除调核音节外，重读音节前的非重读音节音高通常会发生升阶，而重读音节后的非重读音节的音高通常与重读音节的音高处在同一水平或降阶。

音高阶变对语调曲拱的影响不及音高滑变即声调对语调曲拱的影响明显，后者直接决定语调的模式。当相邻音节之间的音高阶变趋向零，即各音节不存在音高的高低变化，前后音节的音高处在持平的、相同的高度时，各音节的音高遂变成一系列的音高链，那么语调群中的滑动音高便成为语调整体的表现核心，它在语调群中的位置对语调的整体表现起至关重要的作用，语调群的整体语调的布局因此而不同。

根据英语音系规则规定，调尾音高只能跟随调核音高走向。即使调尾构造成分中含有重读音节的单词，重读音节的音高不能自由选择，只能跟随调核音高的方向，其重音特征之一的音高更多依赖音长体现。

因此在升调中，调尾音高顺接调核音高的终点继续上升；在降调中，调尾音节的音高更受制于语调类型，必须一直保持在调域的低处。此时即使调尾中具有词重音的单词，其重音特征之一音高也会变得非常不明显。

（四）语调是音高阶变与音高滑变的选择结果

英语作为语调语言，每个音节在语调群中都有其音高，语调的品相主要由关键构造成分决定。英语音系规则规定，在语调构造成分中，调核音节前的音节音高变化均由阶变来实现，调核音节由滑变来实现。那么无论音高在调头如何变化，最终音高都必须牵涉到调核音节的音高，那么调头的音高阶变必然与调发生关系。因此，语调的整体音高走势就是阶变和滑变的线性组合。

通常高调头中第一个重读音节的音高最高，其后的重读音节的等级逐渐降低，向调核音节声调的起点靠拢，如果调核音节的音调是滑降类型，其起点与它前面的非重读音节的音高基本一致或者稍微低一点，这时调核音节的音高就不是语调群中最高的，但关键是其起点要比调尾的音高要高得多。如果调核音节的音调是滑升类型，声调的起点比调核音节前音节的音高要低或者至少持平，但是声调的终点可能比第一个重读音节的音高要高。无论核心调采用何种调型，调尾的音高要么与调核音高的终点持平，要么从调核音节音调的终点进行升降，而要突出调尾中的重读音节，这时只有依靠音的其他性质，尤其是利用音长进行表现。

四、音高与语调关系的教学应用

（一）掌握好音高阶变

在语调构造系统中，确定语调品相的关键节点是调头和调核。调头音高使用阶变，调核音高使用滑变。通常在语调结构中，调头的重读音节必须逐级递降，整体形成降阶趋势。

英语音节的音高属于自由音高，即音高在调域内的不确定性。话语中，每个音节阶变处在音域的位置可以高一些，也可以低一些，关键在于音高连接的参照以及音高阶变差，如调冠音节的音高跳至调头音高要有显著的差别。这也说明为什么句子重音的重要性，否则就无法说明是调冠升阶至调头，还是调冠比调头低一级，因为英语话语中都是以句子重音作为参照点的。

因此，在语调教学中学会使用音高阶变，把握相邻音节之间的音高连接以及音高阶变差是以英语为第二外语的学习者必须进行重点练习的关键。

（二）掌握音高的相对度

美国当代著名的语音学和语言学家 Kenneth L.Pike 认为一个音节的绝对音高（每秒钟振动多少次）是不重要的，而一个音节与另一个音节的相对高度才是非常重要的。因此把握好音节之间的连接对学好英语语调至关重要。

另外，了解英语音高和语调之间的关系对以英语为第二外语的学习者来说大有益处。音高与语调互不相同，又彼此融合。对于声调语言本族语者来说，声调语言每个字词固有的声调模式使他们掌握英语的音高，尤其是音高阶变，非常困难。他们通常通过提高调域上限来实现音高的阶变。另外，用汉语的表意四声去读英语单词，使每个单词具有了汉语声调调值，使英语句子的每个单词都带上声调。英语本族人听起来，导致他们以为每个词都是重要的信息，造成理解上的困难；同时句子整体音高显得凌乱。缺乏英语句子音节音高依次渐变、滑动的变化特征。

因此他们必须练习持平的音高，在持平的状态下，实现音高的升阶和降阶。尤其注意，在说话时使用音高阶变连接音节。只有在语调群中唯一的调核音节上使用声调，而不是在每个音节上都使用声调。这对提高他们的口语水平大有益处。

第二节　英语语调的副语言特征

随着认知科学的发展，语用学除了研究"说话人意义"（speaker meaning）之外，更转向研究"话语的理解"（utterance interpretation）。Grice 提出的会话含义理论（Conversational Implicature）引发了有关语用推理和自然语言的理解的研究。在人们日常的交往中，大部分交际是以口头方式进行的，交谈是传递信息和获得信息的一种重要的交际方式。但人们在交谈时，不总是坦直地说出自己想说的话，而常常是含蓄地用不同的语调来实现自己的意图，这种话语的用意就是会话含义（conversational implicature）。会话含义无疑是间接语言的一种重要表现，在会话交际中，含义（implication）的理解是一个十分关键的方面，通常体现讲话者交际意图的主要特征。听话者要根据当时的语境，推断出说话者的目的或隐含意义。英语语调是一种副语言形式，它通过音调、音量、语速、音质、清晰度、语调等起到言语的伴随作用。不同的语调传递不同的信息和话语意义，表达不同的态度或情感，具有特殊的交际功能。在交际过程中，理解会话含义是一个复杂的认知过程，关系到是否真正理解讲话人话语的意图，因而帮助学生正确理解英语语调的话语功能，推断话语的含义显得尤为重要。

一、英语语调的副语言特征

纳普认为副语言指的是言语表达的方式，而不是言语表达的内容。汉语是声调语言（tone language），其声调是词的一部分。英语是一种语调语言（intonation language），其语调不隶属于单词，而隶属于说出的话（utterance）。同一组词、一句话，单词意思并没改变，但讲话人的语调却赋予它们词汇意义以外的含义，可表现出一个人的试探、冷漠、犹豫或愤怒等不同的心态。

比如：平调表示直叙；降调带有严厉、坚定的口气，表示交际的终止；升调表示期待、怀疑或请求；降升调往往带有保留、讽刺、有限的同意等寓意。这就是说英语语调具有交际功能并具有词汇意义（lexical sense）以外的附加意思（attached meaning）。语调的这些基本意义，加上使用时说话者所赋予的态度意义，使英语语调的话语功能在信息传递中发挥极为重要的作用。

语言学家 Abercrombie 说过：We speak with our vocal organs, but we converse with our entire bodies, the conversational use of spoken language cannot be properly understood unless paralinguistic elements are taken into account.（John Lyons，Semantics，1978）

因此没有伴随语言成分的介入，交际不可能达到目的。尽管目前关于副语言的划界标准各异，概念不一，且有广义、狭义之分，但我们至少可以承认副语言是一种无固定语义却可以传递交际信息的声音，即运用特殊的发音效果来表达交际的伴随意义。因此，根据其语用特征，英语语调是一种副语言形式，是信息交际代码中不可缺少的成分。这就使听者能借助话语语调推断其语用含义，正确理解说者的意图，达到相互交流信息的目的。

二、英语语调的话语功能

在早期的研究中，英美语言学家主要把语调的用法和句法结构联系起来，认为降调一般用于肯定式的陈述句、命令句、感叹句和特殊疑问句中，升调用于一般疑问句、请求句或表示鼓励或很正式的陈述句。这种研究方法简便可行、影响很大，成为后期研究的重要依据和基础。最早将语调和话语情感联系起来的是19世纪末到20世纪初的英国语言学家 Henry Sweet，遗憾的是，他并没有试图说明语调与话语意图的微妙变化。之后，Kingdon 指出，语调模式的运用除了取决于语句的句法结构外，还可由说话者的态度来决定。对后人研究影响最深的是20世纪40年代美国著名的语音和语言学家 Pike，他认为，语调分为四级能区别意义的调高，并强调语调模式使用的依据应该是说话者的态度，而不是句子的语法结构。换言之，由于说话者态度的不同，任何语法结构的句子都可以用不同的语调来说。在他看来，语调是完全可以改变一句话的词汇意义，并且用来表示话语的另一层含义的。韩礼德说过，调群与语法单位相关，即调群一般与句法层的一个小句一致。但是，在口语语篇中，一个调群有时可以体现一个词组，甚至一个词。英语语调可以分辨句子种类、确定语法主从关系、区分词类、辨明修饰关系、区别句子成分等。在某种意义上，英语语调是语法的组成部分。韩礼德也特别强调了语调的表意功能，他认为不同的语调模式是用来表达不同的意思，如果说话者改变了一句话的语调，他就改变了这句话的意思。因此，根据现代和当代学者的观点，语调是完全可以用来实现说话者意图的。不同的语调传递不同的信息和话语意义，表达不同的态度或情感，它具有特殊的交际功能与价值。

（一）英语语调与话语含义

英语语调的话语功能（discourse function）的研究是在一个较大的话语片段，即语境（conntext）的基础上，对语调所表达的话语含义进行解释。语调按照信息单位构成话语，更重要的是表示说话者如何让对方理解其意图或说话意义，这除了依赖于句子本身的语法意义和词汇意义外，还有一个极为重要的方面，即语调的话语含义。例如：

Since the ∨ last·time we·met when we had that huge ∨ dinner, I've been on a\\diet.

对于受话者，前两个声调组表达的不是新的、未知的信息，最后一个声调组却表达了新的信息，diet 以降调处理，它是主信息源（primary information），而其他声调重音词为次信息源（secondary information）。

可以看出，几个声调组在话语中共存时，出于讲话者的一定目的，这个声调组序列的语调就会有特意地安排，由此产生声调从属关系（intonation sub-ordination），听者可以推断出前两个语调群所表达的不是什么新信息或重要信息，因为它们的核心语调都是降升调，而最后一个语调群传递才是新信息，也是最重要的信息，因为核心语调是降调。

在言语交际中，句子除了其本身所具有的词汇意义和语法意义外，还具有其外在表现形式的语调意义。英语中常见的语调模式有升调、降调和降升调，其中每种又分高低两类。按照语音学家的观点：降调的意义通常是"肯定""明确""完整"和"不客气"等；升调则表示"不肯定""不明确""从属""意思未完""疑问""关心"等；降升调表达的含义主要有"对比""保留""让步""暗示""委婉""犹豫"和"反驳"等，它给人的印象是"意犹未尽"的，给人以"悬念"，全凭听者自己领会其中含意；高调通常显示出说话者情绪的饱满或激昂；而低调表现的是情绪的低落或冷淡等。就功能来说，英语语调具有语音、语法、情态等各种含义，并与语言的整体意义保持密切的联系。说话者利用声调变化传递一定信息，听者也从中获得相应的信息，尤其是在理解说话者的意图方面。如由外语教学与研究出版社出版的《英语初级听力》第四课：Dialogue 4

    Tom and Anna saw a film yesterday.

    Tom：It was exciting，wasn't it？

    Anna：Yes，it was.

    Tom：Charles Bronson was good，wasn't he？

    Anna：Yes，he always is.

    Tom：I thought the girl was good too.

    Anna：Did you？

从 Anna 最后一句话"Did you"的语气、语调，我们可以判断得出 Anna 是不同意 Tom 的观点的结论。因此，教师在英语教学过程中，还应该帮助学生进行对比分析，听出真实材料中的非语言本意，或利用言外手段表达态度、情感、隐含意义等。听出不同语调、不同语速所表达的不同情感。教师不仅要考虑语调的形式，还应注意其话语功能。

语调的话语功能在现行教学中常指它能标识句子类型，表达隐含意义，或表情达意的功能，即发掘句子深层意思的功能。句子深层意思是语言符号的编码和语内含意的推导，前者可称为"显性表述"，后者称为"隐性表述"。隐性表述依附于显性表述，并对显性表述做出必要的填充或阐释，共同实现话语比较完备的表达。语调在其中则起到声东击西、弦外之音的作用。

例如：

W：Is the price of stamps bound to go up against soon？

M：You are right.What I'd like to know is how much it will cost to send a letter next month.

Q：What can we learn from the conversation？

从字面意义上看，男方似乎想知道下个月的邮票价格，但从他的语气中，我们可以判断，他已知道邮票价格上涨一事，只不过借题发挥，实际上是在抱怨邮票的价格经常上涨。

又如：

M：You go ahead and sit next to Alan.I don't want him talking to me throughout the whole movie.

W：And I do？

Q：What can we learn from the woman's answer？

对话中，女方使用升调，意味着她也不愿意被人打扰，她的真正用意是："I don't want either."且升调还隐含有"那我就愿意罗"的反话。再如：

W：Richard worked as hard as his roommate.

M：That's not saying very much.

Q：What conclusion can be drawn from the man's statement？

这位先生用讽刺的口气来表达他真实的想法，他冷冷地回答说："未必见得吧。"他的讽刺口吻说明了他认为 Richard 学习是不努力的。

语气语调是表达人们思想感情的一种主要形式，它们不仅能表达出说话人的喜、怒、哀、乐，还能反映出疑问、怀疑、肯定以及讽刺等各种情感，通过不同的语气语调来表达说话人的含蓄意义。所以在话语理解的过程中，听者除了理解字面意义外，还应注意说话人的语气语调，理解其在对话中的交际功能和真正含义。

（二）英语语调与情感的关系

如果说以准确反映思想为主要目的的语调称为逻辑语调（logical intonation），那么在此基础上，又带有各种浓厚感情色彩的语调就叫情感语调（emotional intonation）。虽然情感语调有别于逻辑语调，但它们实现的手段都是一样的。如重读、节奏、音调、停顿等等，它们的表意功能在区别歧义、强调等方面更是表现得淋漓尽致，而且，语调的选择也可体现某些语篇的特征。如上级对下级说话多用降调，下级对上级好用升调或降升调。

1. 重读（stress）

在言语交际中，重读不同，话语的意义迥异。随着语句中重音的移位，也就是说随着话语中不同词汇音高的变化，话语的意义也发生改变。发话者在特定的交际环境中，运用副语言的重读手段，可以改变语义，传递不同的交际信息。

例如：

a.Ják didn't dance with Mary last night.

b.Jack didn't dánce with Mary last night.

c.Jack didn't dance with Máry last night.

d.Jack didn't dance with Mary lást night.

在具体的语境中，上述四句中的重音位置改变，其语用意义和话语意义亦随之改变。a. 句中重读 Jack，则暗示别人昨晚跟 Mary 跳了舞；b. 句重读 dance，暗示 John 和 Mary 昨晚干别的事了；c. 句重读 Mary，说明 John 昨晚只跟别人跳舞；d. 句重读 last night，则表示 John 和 Mary 每晚一起跳舞。由此可见，运用副语言的重读手段，可产生不同的语用意义，发话者亦根据自己的意图确立其话语意义，选择表达方式；同时，受话者依据副语言手段判断说话人的思想和意图，做出语义上的选择。

2. 节奏（rhythm）

节奏通常出现在诗歌中，但是生活中的言语也不缺乏。节奏也可以起表意寄情的作用，语流通过轻重缓急、抑扬顿挫的变化形成一定的节奏感，以达到烘托意义、渲染气氛、抒发情感和加深印象的作用。

I wander lonely as a cloud.

如果只重读 wonder 和 cloud，听上去句子很平淡、空洞，但如果用抑扬格音步读，即轻重轻重地读，则表述了说话人当时孤独、悲凉与无望的心情。

3. 音调（intonation）

音调的高低很微妙地影响着情感的表达。如果想表达对他人或所谈话题的浓厚兴趣，用升调。

例如：How's your daughter？

When are you coming to see us？

如果想使谈话更认真而不是开玩笑，用降调。例如：Why did you change your mind？

对于不是非常激动或惊奇的事物的答话用升调。例如：Thank you. All right.

可见音调与情感的关系有时甚于词汇本身所代表的情感和意义。

4. 停顿（pause）

停顿是副语言中的语音分隔符号（vocal segregates）。没有停顿话语讯息的传递将难以进行。这里的停顿指的是相对停顿（filled pauses），相对停顿时，仍有副语言行为。如运用"er""erm""wh"以及某些失去辞典意义的词汇。如"well""you know"等充实话语。交际中运用停顿手段，可以使话语的意义改变，引起听者的注意，加强停顿后所用词语的表达效果。体育比赛公布名次、讲演、朗诵、发奖时，常用相对停顿副语言行为，以达到突出语义，强势焦点信息，引起注意的目的。例如：由外语教学与研究出版社出版的《英语中级听力》第 11 课 Task 1：A Way of Life

Mr.Thomson：But my wife's cooking...

Doctor：...is superb.Granted.And she probably enjoys preparing delicious meals for you.If you like...well...er...I'll have a word with your wife...

Mr.Thomson：No...that won't be necessary...erm...thanks just the same，doctor.But no...

Doctor：And on that subject Mr.Thomson...erm...er...Just one other thing...er...I'm sure this won't embarrass you.You say you feel tense in the evenings after dinner.Might I ask about your relationship—your sexual relationship that is—with your wife

Mr.Thomson：Well...erm...er...you see...er...

这是一篇医生与病人之间的对话，整个语篇语句式松散自由，多处出现停顿，体现听力材料的口语语篇的特征和副语言特征，突出病人尴尬的情感。

（三）英语语调的表意功能

生活中，有时说话者不用把话说完或解释说明，交际功能已经完成。而且由于语调，省略了的句子更易让人接受，或意味深长，或强调，这时通常含有副语言特征。

例如：（1）A：Can you help me now？

B：You know...（有耸肩等副语言特征表示不能帮助）

（2）I didn't hurt you（...so why make all that fuss）

语境的分类有很多种，同一文字在不同的语境中意思就大不一样，同一文字同时有几个语境层面，只要一个层面变动了，原来的稳定状态产生变化。这些层面最粗略可分为语言层面和非语言层面。我们谈论的语调只是语言层面上语音语境（phonetic intonation）的下属层面——语调语境（intonation context）。如一对青年男女坐在室内，女方突然说道"It's so cold here."这句话的常规是陈述或评论天气。但因说话人的意图不同，语气音调不同，其意义会偏离深层结构（deep structure）的意思而形成各种不同的表层结构（surface structure）的意思：

a）（女方观望着周围说）示意请男方关窗；

b）（女方生硬而且似自言自语）表示对男方无兴趣，找借口走开；

c）（女方娇嗔地望着男方说）表示希望男方靠近些或拥抱她。

这在语言学中称为言不尽意，却具有很强的交际功能。语音是语言的躯体，而音调则是灵魂。因为一句话的完整意义是词汇意义加语调意义（lexical meaning+intonation meaning）。说英语的本族人对英语语调的反应往往比对词语的反应更强烈。正如汉语俗语所说的"听话听音"。重要的不仅在于话语本身，而且在于说话人用的什么语调，什么语气。

再如：A和B两个同学同时在一个单位找到兼职，两人分别接到开会的通知，后在网络聊天室遇见，A向B搭话：

A：你接到开会的通知了吧？

B：嗯，开什么会啊？

A：啊！你没接到电话吗？

B：不是，接到了，我是问开会的主题是什么？

在这一对话中如果不考虑语气语调，B 的问题"开什么会啊"为一歧义句。在当时的语境下有两种解释：一种是 B（没接到开会通知）很惊讶，向 A 确认；而另一种是 B（接到开会的通知）问 A 开会的主题是什么。而前一种解释对于 A 来说关联性更大些，因其在前句中刚提过，属于其认知语境里短时记忆中的语境假设，而且正是他与 B 搭话的目的所在。在第一个话轮中，如果是面对面的对话，B 回答的重音应落在"什么"上，而且"嗯"应该是肯定的语气，误解就不会发生。但是因为 A、B 两人是在网络聊天，双方只能了解到对方在说什么，至于语气、语调无从谈起，使话语的关联性降低，导致第一轮对话中 A 误解了 B 的意思，说话人没能实现其说话的交际意图。可想而知，语气、语调在认知语境中的重要性。

英语语调的副语言是人类语言交际中的一个十分重要的特征。它不仅是人们交际中重要的表意手段，是话语不可缺少的中间环节，而且与语言交际和其他非语言交际一样，能传递不同的语义信息，表达各异的话语意义，具有特殊的交际功能与价值。它使语言交际更准确、生动、形象，更富有表现力，对话语意义起着确定、修饰、替代和深化的作用。因而了解英语语调的副语言特征，可帮助学生理解话语功能，推断话语的真正含义。

第三节　英语语调的会话含意

随着语言研究的发展，语调作为口头语言的有机组成部分也受到了更多的关注。"语调和语法是有机体，能有效地反映语法的内在规律。""语调与信息结构关系密切，如在口头信息的传输过程中，语调组的划分（停顿）、调核的位置和调核的类型起着十分重要的作用；这三者彼此独立，但又相互联系，这些因素中任何一个的变化都直接影响话语的结构和意义。"

但是，英语语调教学目前尚未得到应有的重视，这主要体现在教学过程中"重音轻调"，使得语调在交际中的作用和地位被忽视甚至忽略。语调虽不能说是语言的灵魂，但也绝不是可有可无的点缀。事实上，作为口头信息的有机组成部分，语调在英语教学中无处不在：教师教一个词，操练一个句型，进行一次听写，朗读一段文章等，无不涉及语调。可以说，学生从第一节英语课开始，就接触了语调。如果教师在教学中没有注意引导学生学习语调，且不说学生读起英语来有无抑扬顿挫、声情并茂的感觉，像不像英语都是个问题，"这样教出来的外语，恐怕外国人听不懂，中国人也听不懂"。

一、从语调的角度看口头信息的构成

人们会话时的每一句话都是在传递一项信息。而在听别人说话时，就是在理解别人传递的信息。"信息的内容主要是由词以语法结构为骨架组成的，通过语音给它以物质的形式。"我们所要理解的信息除了内容，还有形成信息的其他方面，比如说话者对该信息的态度，讲话时的感情和情绪状态等。参与形成信息的主要有语调、节奏、

音的轻重强弱、速度变化、停顿以及体态语言等要素。这些要素可以称为口头语言的辅助成分。在口头信息传递的过程中，它们彼此依赖、相互渗透，应当把它们作为一个复合体来看待；这个复合体的各个组成部分又都有其自身的生理——心理机制，有各自的运动规律，而且它们的功能也各不相同。在某一语句中，语调的调型变化对信息的传递起着举足轻重的作用；而在另一语句中，重音或者停顿又可能上升为主要因素。"然而，总地来说，在英语口头信息的传递过程中，语调是最主要的一种辅助成分。"

二、语调对话语理解的影响

传统教学一般只重视语调产生的最终效果（如降调表示肯定，升调表示疑问等），这种做法忽略了语调产生的作用，包括表达人的不同思想、情感、态度和意图等。

学习并掌握英语语调的重要性是显而易见的，因为在说话时，说话人"说了什么"与他是"怎么说的"同等重要。用升调说出"Come in."和"Sit down."所表露的通常是善意的邀请，而用降调说出来的话给人的感觉就大不一样了，听起来像是命令。"I beg your pardon."用升调还是用降调，其含义更是大不相同：前者表示"您能重复一遍刚才说的话吗？"（没听清楚对方的话，希望他重复一遍）；后者则表示"请您原谅/宽恕"（做了错事表示道歉）。以下从几个方面讨论英语语调在口头交际中的含意。

（一）句子的完全意义

一句话除了词汇意义（lexical meaning），还有语调意义（intonation meaning）。词汇意义就是话语中所用词的意义，而语调意义就是说话人的话语中所体现出来的意图、情感、态度或口气。一句话的词汇意义加上语调意义才是完全的意义。同样的句子，语调不同，意思就会不同，有时甚至相去甚远。例如：

（1）A：Jean, can you bring me the newspaper? B：Sorry?（↗）

（2）A：Jean, can you bring me the newspaper? B：Sorry.（↙）

在句（1）中，A希望Jean帮忙递报纸过去。正常情况下，Jean如果愿意，应该用"OK."或"Here you are."等之类的肯定答语。但Jean用升调说"Sorry."，意思是"I didn't quite hear you. Could you say that again, please?"。而在句（2）中，Jean用降调说"Sorry."，显然她是要拒绝帮助或表示无能为力。

（二）语调模式的言外之意

这里所说的语调模式指的是语调的类型，如升调、降调、降升调等。如果要对语调模式进行划分，不少人可能会按照句子的语法结构进行，即大致分为一般疑问句的语调、特殊疑问句的语调、祈使句的语调及陈述句的语调等几类。这种划分方法显得不够全面，也不利于准确理解听力材料中用语调特殊处理的信息。请看以下对话：

（3）（A man and a woman are talking about Linda.）

M：Linda looks very tired these days.

W：She looks OK to me.（↗）

如果那位女士说话时用的是降调，说明她同意那位先生的看法。但她有意把重音置于句子的最后一个单词 me 上，而且用的是升调，以示她的看法与那人的看法形成对比，意思是：在你的眼里，她显得疲惫，可在我看来，她没什么问题。

（三）语调高度的真正含意

一句话中语调的相对高度往往包含不同的意义，语调波峰一般都是句子重音所在。通过判断一句话中的语调波峰所在，就可以了解说话人的意思。在同一场合，如果一个人的语调"此起彼伏"，我们就可以据此推断出该说话人的意思及态度。例如：

（4）A：Was it damaged?

B：Almost knocked to pieces.

本例中，A 想知道 it（某件物品）是不是受到了损坏，B 不仅回答了 A 的问题，而且通过强调 pieces 表示非常气愤。又如：

（5）M：How are their talks going on? Have they reached any agreement?

W：They only seem to have agreed to set' another date for 'further' talks.

Q：What can we infer from the conversation?

（A）The talks haven't started yet.

（B）The talks haven't achieved much.

（C）The talks have produced a general agreement.

（D）The talks broke down and could go no further.

在上述对话中，M 想知道会谈双方是否还在谈判，会谈是否已经达成协议。W 没有正面回答，而是把句子的重音放在了带重音符号的三个词上，强调的是"要进一步谈判"。因此，我们可以推断，会谈尚未取得进展，仍需深入探讨。这正是答题的要点，答案为（B）。

（四）语调变化对话语的影响

语调是语法的一部分。语调组的划分、调核位置的确定以及调型的选择都与语句有直接关系，其中任何一项的改变都足以引起整个语句结构的变化，进而产生语义完全不同的句子。在书面语中，有些句子的意思模棱两可、含糊不清，我们可以运用恰当的语调手段来消除歧义。例如：

（6）She fed her dog biscuits.

说话人如果在 her 与 dog 之间或在 dog 与 biscuits 之间有停顿间歇，就会产生以下两种截然不同的意义：

（6a）She fed her|dog biscuits.（她拿喂狗的饼干给她吃。）

（6b）She fed her dog|biscuits.（她用饼干喂狗。）

再看下例：

（7）Father：When will the boys come?

Girl：The boys（↗），|who are ill，|can't come.

女孩用升调说 boys，并且用停顿使之与 who 隔开，提示 who 引导的是非限制性定语从句，全句的意思为"男孩子们都生病了，不能来"。如果 boys 与 who 之间没有停顿，她的意思则是"那些生病了的男孩（部分）不能来"。

（五）语调重音的作用

在会话中，交际双方不断地轮流担任发话人和受话人来交流信息，而信息交流的过程就是新旧信息不断转化的过程。因此，话语中的各个部分在具体语境中所负载的信息值就有了差别，对交际发展的作用也不相同：含已知信息的部分信息值低，对交际发展的作用小；含新信息的部分信息值高，对交际发展的作用大。Roach（2000）认为，有时从"信息值"的角度来描述语调重音更合适：在特定的语境下，一个词出现的可预见性越高，其信息值越低；反之，其信息值越高。语调重音往往落在信息值更高的词上。例如：

（8a）I've got to take the 'dog for a walk.

（8b）I've got to take the dog to the 'vet.

上例 8a 中，由于说话者把重音放在了 dog 上，一般人会预测是"去遛狗"，而不是去看兽医，也就是说，vet 的预见性比 walk 低，其信息值更高。反之，8b 没有强调 dog，而是把重音转到了 vet 上，受话人的预测也会随之改变。又如：

（9）W：Mary says she likes playing tennis.

M：But she doesn't play tennis often, does she?（↗）

从句子功能来看，附加疑问句既可以用升调，也可以用降调，但表达的意思不同：降调表示发问者相信陈述句的内容，只等对方证实；升调表示发问者对陈述句内容的真实性没有把握，希望对方做出自己的判断。因此，句（9）中 M 对 W 的看法并不完全赞同：Mary 并不是真的喜欢打网球，因为她没有经常去打（网球）。

（六）疑问句语调的真正含意

一般来说，特殊疑问句用降调，一般疑问句用升调表示疑问，但并不总是如此。特殊疑问句有时并不用降调：当一方提出一个问题，而另一方用特殊疑问句回答时，这个问句实际上相当于一个陈述句，而且另有含意。例如：

（10）A：Are you going to watch TV again? B：What else is there to do?（↗）

A 的问题中用了 again，含有责备的意味，意思可能是 B 应该做点看电视之外的事情；B 没有直接回答，而是反问 A：What else is there to do? 意思是：（除了看电视）还有什么好干的呢？这其实已经间接回答了 A 的问题，因为 B 使用了反问这一修辞手段。反问是用疑问的形式表达确定的意思，目的在于加重语气。又如：

（11）M：Do you think Petty is qualified to do the job?

W：If Petty is not, who is?（↗）

Q：What does the woman mean?

（A）Petty is not qualified for the job.

（B）Nobody is qualified for the job.

（C）Petty is well qualified for the job.

（D）All except Petty are qualified for the job.

句（11）中，M 询问 W：Petty 是否胜任工作，W 没有直接回答，而是反问 M："如果 Petty 不能胜任，还有谁能呢？"W 使用了反问修辞手法，尽管没有直接回答 M 的问题，我们仍然可以知道，W 认为 Petty 是能够胜任工作的。

相似地，有时一般疑问句的句式虽然用的是降调，实际上表示感叹。例如：

（12）Hasn't she grown?（↘）

从句子结构来看，这是个一般疑问句。由于说话者使用的是降调，并不表示说话者在询问 she 是不是长高（大）了，而是"她长得多快啊！"的意思，相当于一个感叹句。此外，降调用在一般疑问句中还可以表达其他意思，例如：（13）M：Wasn't Sam's speech great?（↘）

W：Are you serious?

对话中，如果 M 真的是想知道 W 对 sam's speech 的看法是什么，应该使用一般疑问句的语调，即升调，W 应该用"Yes."或"No."来回答。但 M 用的是降调，W 也没有按照一般疑问句的问答方式对 M 的问题做出回应，显然是听出了 M 的语调中的意思：M 对 Sam 的演讲表示赞叹，不是询问意见，所以 W 才会做出"Are you serious?"这样的反应。

从语音的角度来看，语音能力是语言表达的基础和前提，语调知识则是准确理解说话者意思的决定性因素。降、升调只是英语语调中最基本、最简单的形式，远不能满足我们表达的需要。在实际生活中，英语有千变万化的真实语调，各自表达出说话者不同的意思。当我们试图去理解说话者所说的话或某个语言听力材料时，都应综合利用我们所听到的文本信息及说话者的语调等。从教学的角度来看，研究并掌握语调的会话含意对提高学生的听力水平很有意义。

第四节　英语语调与口语交际

人类交际过程是一个复杂的过程，其中可分为口语交际和书面交际。然而口语交际是语言的根本，人类学习语言总是从口语学起。口语交际是一种不需要任何其他手段、便捷的、生动的、最具有表达性的直接交流方式。但是，在人们日常实际交际中，由于心态的变化，话语总会自然或不自然地出现音调的高低，音量的大小，语速的快慢及语调的升降等变化。这些副语言（paralanguage）特征可用来表达不同的情感，传递不同的信息，显示不同的语用意图。掌握语调的变化可对上下语篇进行预测、连贯与衔接，实现语篇的完整性，使交际双方掌握主题，互相理解、在交际中起着十分重要的作用。

一、口语交际的特点

口语交际中双方通常面对面，或通过电话，处于同一场合或不同场合进行交际，而且交际双方的交谈往往是应时应景，甚至是偶然碰到而进行的交谈，并非进行过周密安排。由此看来，口语交际具有一系列特点：

（一）非语言情景（non-linguistic context）及副语言特征（paralinguistic feature）

在口语交际中，双方如果是面对面交谈，可以借助非语言情景，即身体语言（body language）。如面部表情（facial appearance）、手势（gesture）、姿态（pose）等，可对交际活动起到微妙的影响。双方共同了解的事物和周围的"布景道具"可以使会话简洁、明了，因为双方对已知信息或周围环境，无须重复累赘，只用"it""this""that"等词代替，再加上一个手势或一个眼神即可。如果是通过电话进行交际，那么，音调的高低、音量的大小、语速的快慢、语调的升降等变化在区别歧义、强调等方面更是起着重要作用。

（二）允许出现错误（permitting errors）

在日常生活中，话题经常是随机的、无目的性的，谈话中双方总是力求简洁、明了，所以人们常常不会刻意去注意自己的语法错误或修饰美化自己的语言，却会时刻想着调整或改正自己的结果。所以，口误（slips of tongue）、重复（repetition）、省略（ellipsis）等现象常会出现。例如：

（1）Let me think, it is good.Er...no, just so so.
（2）/mm/yeah, you can do it, yeah, just do it!
（3）(It is) Beautiful!

（三）语句松散自由（loose and free sentences）

在口语交际中，句子内部结构和句子之间的关系是灵活、松散和自由的。句子一般比较简单明了，逻辑关系也不怎么严谨。在谈话中，人们往往是边想边说，边说边加以修改，并随时补充解释，所以句子的结构也随时转变，形成了许多"虎头蛇尾"的残缺句子：

（4）…So wonderful/I mean you did a good job!/Your parents has a good sun, er, /as well as a daughter./You and your sister/well done…

在口语中，人们经常不遵循正常的语法进行交谈，形成了口语交际的特点，使交际更加简单化、明晰化。以上例子均可体现这一点。

二、英语语调的特征

语调是一种心理—生理活动方式。当说话人情绪兴奋、轻松愉快、心理平静时，声音往往降低，因此，语调能反映人的感情和态度。语调的生理基础是声带的振动。

振动的频率高，声音就高，反之则低。操某种语言的人，在长期使用这种语言中形成了若干声音高低强弱变化的组合模式，借以辨别不同的情感和交际意图。语调同其他语言手段相结合能表达不同的意义。英语的语调主要有三种类型，即平调、升调、降调。而在实际使用时，这三种调型可做各种组合而形成降-升调、升-降调、降-升复调和升降复调等。平调表示直叙；降调带有严厉、坚定的口气；降升调往往带有保留、讽刺、有限的同意等寓意。

由此可见，英语语调具有交际功能并具有词汇意义以外的附加意义。

三、英语语调在口语中的交际功能

英语语调是口语交际的一种辅助手段，交际双方运用不同的语调，可以传递不同的信息和话语意义，使受话人明确掌握对方所要表达的意思。下面介绍英语语调的几种主要交际功能。

（一）表态功能

表态功能可以是指不同语调与其表达的情感态度之间的相互影响和作用。它可以表示说话人的一种感情状态：或平静，或激动，或高兴，或悲伤。当然还有怀疑、冷漠、确信、热情、友好、敌对等不同的情感状态。语调的表态功能是语调最具有普遍性的功能。无论是日常讲话还是正式演说、讨论、朗读、背诵等，每一句话都带有讲话者感情、情绪和态度的印记，甚至于有的话语不可能有特殊的感情色彩，但也能反映一定的态度，如客观和就事论事。人们交际时，同一句话用不同的语调会表达不同的态度和情感。

（5）a.That's `ok.（falling）（just to show the fact，or agreement）

b.That's ´ok.（rising）（showing a high happy or encourage mood）

c.That's ∨ ok.（rising—falling）（showing a relief from a worry just now）

（6）a.Tom's always `making mistakes.

b.Tom's` always making mistakes.

在（6）的 b 句中，调核在"always"，说话人表明了对"Tom"的一种极度不满的情绪，而 a 句调核在"making"，只是说明"Tom"总是迟到这一事实。

英语语调的表态功能几乎涉及语调体系的每一个层次，同时也渗透在人们的交往之中。要表达说话人的不同感情色彩，把握好句子的语调就显得很有必要。以上例子说明英语语调可以表达不同的情感和态度，它传递了词汇本身以外的"弦外之音"。

（二）语义功能

一个句子的意义不仅取决于语法结构，很大程度上也受语音结构的支配。不同的语调在同一个句子中所表达的意思不同。了解、掌握好讲话人的语调就能很容易明白对方所要表达的意义，如果不了解语调升降的变化对句子意思的影响，就会造成理解错误，从而导致交际失败。某些书面歧义句在口语中可以用不同的语调讲述来排除歧义：

（7）a.Mary`didn't go to school because she was`ill.

b.Mary`didn't go to school because she was ∨ ill.

a 中，在"ill"上安排降调，答案是肯定的，此句意思为：Mary didn't go to school, the reason being that she was ill. b 句在"ill"上安排降升调，结果将否定的焦点置于 because 从句，主句语义为肯定的，这与 a 句语义大不相同：Mary didn't go to school, not because she wanted to have a rest but for some other reasons.

（8）a.Among those present were the Mayor and`missis Martin.

出席的有马丁市长及其夫人。

b.Among those present were the Mayor and missis`Matin.

出席的有市长和马丁夫人。

a 中，说话人将调核置于"missis"，使之成为信息焦点，借以引起受话人的注意：除了马丁市长外，还有他的夫人。此句的"Martin"无调核，因而没有多少信息价值，因为既然这位夫人与马丁市长是夫妇，就没有必要再突出这个姓氏了。b 句中，调核在"Martin"，说话人通过这个焦点提醒受话人注意：这是姓氏不同的另一夫人。此句的"missis"（夫人）无调核，没有多大的信息价值，因为此时最重要的是突出"Martin"这一姓氏，相比之下，"missis"这一词就显得没有多少区别对比意义了。

（三）重音强调功能

口语交际中，说话人总想把他所要表达的主要意思加以重读、强调，以引起受话人的注意。语调可以使要强调的部分产生突出的效果。语调重音会使单词所在处的声调组中最为重要，突出重要信息。受话者只要注意听懂某个或几个词就可以大致领会其意。

（9）a.Shall we sell it or throw it`away?

b.Shall we sell it or`throw it away?

a 句重读在句尾，属于一般情况，强调"卖"或"扔"的选择，b 句重读在"throw"突出要钱或不要钱的选择。第二个意义之所以可能，是因为合成动词"throw away"由动词和助词两个部分组成，因而有重读的变化。b 中"away"不重读，表明它传输冗余信息，或者说，说话时的语境确定了它的已知信息性质：问题不在是否扔掉"它"，而在于要不要换钱。

（四）语调组划分功能

连续的话语中间总有个界限（停顿），以体现不同的调型和节奏。如果把一段话一口气一个调说出来，那么很可能受话人就会满头雾水、不知所云。因此，语调在划分句子内容方面就显得尤为重要。语调组的划分取决于许多因素，除语句的语义和句法结构外，还有语境和个人的主观因素。正是由于这些不同的因素，同一语句有时便可做不同的语调划分，从而区别出不同的意义：

（10）a.I've lived here ever since I was born in fact that's for well`sixty years.‖

b.I've lived `here||ever since I was born in fact that's for well `sixty years.

c.I've lived here ever since I was `born||in fact that's for well `sixty years.||

a 是全句为一个语调组，只突出居住的时间；b、c 两句都划分为两个语调组，分别突出"这里""60 年"和"出生""60 年"。语调组的划分不同，语义内容也随之改变：

a. 我从出生后就一直住在这里，实际上已整整 60 年了。

b. 我一直住在这里，从我出生后起到现在实际上已整整 60 年了。

c. 我一出生就居住在这里，事实上已经在这住了整整 60 年了。

（五）语法功能

英语语调的变化不仅可以用来表达不同的思想感情和态度，促进口语交际的顺利进行，还可以帮助我们分辨句子种类、确定语法主从关系、区分词类、辨明修饰关系、区分句子成分等。

（11）a.Can you spare me a `minute?

b.Can you spare `me a minute?

a 中，调核落在 minute（一会儿），此词为动词 spare（抽出）的直接宾语，me 为间接宾语。而 b 句中，a minute（一会儿）充当时间状语，不同的调核对应不同的句子结构，因而对应不同的语义解释：

a.Can you give me a few minutes of your time?

b.Will you excuse my absence for a few minute?

1. 区分句子、从句种类

（12）a.I will call you when he `comes.

我会打电话告诉你他来的时间。

b.I will `call you when he comes.

他来时我会打电话告诉你。

a 中，when 从句是名词从句，充当动词 call（告诉）的宾语；b 中，when 从句则是充当 call 的时间状语从句。

2. 辨明修饰关系

（13）a.\`Those who `sold quickly\made a profit.

b.\`Those who ∨ sold\quickly made a profit.

a 句 quickly 修饰动词 sold，b 中 quickly 修饰 made，不同的声调安排，修饰的关系也不同，也赋予同一个句子两种不同意义：

a. 卖得快的那些人赚了钱。

b. 卖了的那些人很快赚了钱。

3. 区分句子成分

（14）a.He is a `bad guy Tom.（Tom 为异位主体，与 He 是同位）

b.He is a bad guy`Tom.（Tom 为直接呼语，Tom 和 He 是两个人）

以上例子我们可以看出，英语不是声调语言，而是语调语言。如果不了解语调变化对句子的影响，就会造成理解错误，从而导致交际失败。语调既有语法作用，也有独特的表意作用，具有很强的表情功能。不同的语调可以表示不同的态度和思想感情。此外，语调还赋予英语一种旋律美，难怪有的语音学家形象地将语调比作英语的灵魂。

语言是人类交际的工具，语言教学的目的是培养人们的交际能力。人们只要开口说话，必然会出现音调的高低、音量的大小、语速的快慢以及必要的语调，所以语调在口语交际中具有十分重要的作用。因此，掌握并恰当运用英语语调，能使我们在交际中准确地听辨、传达信息。由于语调的升降，使得语言更加丰富，富有活力。实际上，在我国，无论是英语语调的研究还是教学，严格地说还不普遍，人们往往把语音与语调混为一谈，教学中也往往"重音轻调"。教师在英语教学过程中有意识地注意这一现象，加强英语调语练习，可增强学生学习语言的兴趣，扩大知识面，有助于学生正确运用、理解语言。

第五节 英语语调的语篇功能

英语语调是英语语言音系层最重要的组成部分。语调体现语言形式层的词汇语法（语法功能），表达语气功能和说话人的感情、情绪和态度（人际功能），同时它是口语语篇信息传递的主要方式（语篇功能）。语篇功能（textual functions）是英语语调的主要功能之一，但相对于前两种功能来说，国内对英语语调语篇功能的关注和研究则起步较晚。从文献资料来看，对语调语篇功能的认识和研究无论在范围、内容还是在研究层次上都取得了一定的成果，但在研究的诸多方面尚存不平衡性。比如句法层面和语篇层面，语调组和调核、调型，语调语篇功能的表现和成因等，且整体上缺乏全面性、系统性。针对上述现状，本节尝试以系统功能语言学理论为基础，以Halliday的英语语调三重选择系统为理论框架，结合口语语篇语料分析，从语调组、语调重音、调核类型三方面对英语语调的语篇功能进行较为全面、系统的梳理、归纳，初步探讨它们在语篇层次的体现形式。由于篇幅限制，本节只讨论语调组的语篇功能。

一、相关理论简介

（一）国内语调语篇功能研究现状

当前国内英语语调语篇功能方面的研究似乎正在成为一个热点。从文献资料来看，对语调语篇功能的认识和研究无论在范围、内容还是在研究层次上都取得了一定的成果，但尚存不足。研究范围已涵盖语调组、调核重音和语调类型三个方面，确认了语调组的言语流切分功能、调核重音区别新信息和已知信息的重音功能以及强调和对比功能、调核型指示交际状态功能和语篇衔接功能。在研究内容上，已确认了英语语调在口语语篇中的信息功能、衔接功能和文体功能。另外，在研究层次上也有提升，从研究语调句子层次的信息表达功能上升到语篇层次上，例如从调群边界语音特征角度探讨语调与语篇宏观结构关系。

但是与语调语法功能和人际功能较详尽和成熟的研究现状比较起来，笔者认为国内在语篇功能方面的研究仍然有较大的提升空间。这种不足可以从语调语篇功能研究诸方面表现出的不平衡性看出：（1）句法层面（clause level）的研究及其成果较丰富，而语篇层面（text level）的研究却很少；（2）在语调系统内部，对调核和调型功能研究较多，而对语调组则关注较少；（3）对语调语篇功能的具体表现研究较多，且研究方法常采用归纳——列举式，而对其成因及其起作用的语篇制约机制方面的理论探讨则少，导致研究整体上缺乏全面性和系统性。究其原因，这与研究缺乏理论指导，对语篇功能概念和内涵的理解狭隘、有偏差有关。另外，研究未结合口语语篇宏观结构、充分利用语篇语调分析的优势。

（二）Halliday 的语调三重系统理论

Halliday 根据系统音位学（systemic phonology）理论从信息论的角度提出了英语语调的三重选择系统：调群切分系统（Tonality）、调核位置系统（Tonicity）和调型系统（Tone）。三个子系统各有侧重，调群切分系统关注语调单位的构成及边界特点；调核位置系统着重研究语调单位内部信息焦点的位置；调型系统关注语调单位内部的调型模式，尤其是调核调型。语调三重选择系统是音系层的功能语法理论。语调单位、调核、语调类型分别同信息组织传递过程中的信息结构、信息中心和信息功能相关，体现口头交际信息传递中三个方面的选择。语调三重系统概念的提出将句法、语调和信息三者有机地结合起来对语调进行研究，因而成为后来许多语调研究的理论基础。

（三）语调语篇功能的概念界定

根据系统功能语言学的元功能思想，语篇功能（textual）是指说话人把语言之外的概念意义和人际意义组织成语篇的功能。它使语篇内部形成一个语义整体，并使它与语境联系起来，使说话人只能生成与情景相一致和相称的语篇。在言语活动中，话语发出者通过语调组构成信息单位，然后以连贯的语调单位构成独立的篇章。因此可以把语调的语篇功能定义为根据情景语境和语篇语境，通过对语调三个子系统语调组、调核重音、语调类型的综合选择和运用以传递信息和建构语篇的功能。对语调语篇功能概念界定给我们的启示有二：其一，语调系统内三个功能成分是相互联系的，语调组语篇功能的产生和实现离不开调核和调型的作用，这里笔者为了研究的需要暂时把它们分开。其二，对任何语言要素语篇功能的充分和有说服力的研究都离不开语境和语篇；小句层次的语篇功能研究是基础，语篇层次上的研究则更重要、更有价值和意义。

语调对信息的组织和传达起始于语调组，语调组连接英语言语的句法形式、语音和信息，是英语口语语篇中重要和基础性的功能成分，讨论语调组的语篇功能具有重要意义。对语调组语篇功能的系统研究可以从其内部结构、边界指征和调群组合三个方面进行。

三、英语语调组的语篇功能

语调组是交际中言语流的基本切分单位,是英语语调系统的基本单位,调核重音和语调类型都发生在语调组内。下面笔者将从语调组的内部语调和信息特征、边界语音指征和语调单位组合三方面,借助语篇语调分析,全面、系统地梳理语调组在小句层次和语篇层次的语篇功能和具体表现。

(一)语调组的信息功能

1. 语调组的内部结构

将较长话语语流切分成与句法相关的片段是语调的功能之一,切分后的话语片段被称作"语调组"(tone group),又称语调单位(tone unit)或者语调群(intonation group)。语调组是英语语调系统的基本单位。在口语语篇中每个信息单位是通过语调组的声调变化实现的,声调可以是升、降或升降、降升的混合调型,这一声调变化伸展到整个语调组。在调群中,有一个音步载有主要的音高运动,即主要的升、降或方向的变化。这一特征被称为"声调突出"(tonic prominence),载有这一重音的音节叫作"声调重音音节"(tonic syllable),它载有信息焦点,即该语调组的语调核心(简称调核,nucleus)。例如: //1 Where've/you/BEEN//(注意: //为语调组边界线;/为音变线;大写粗体为重音突出,即新信息最高点)

从信息传递的角度来看,语段中的一个语调组一般只包含一项重点信息,而语调组内的其他音步音节传递的往往是旧信息或双方共知的信息。这就是英语语调组的信息功能,它是语调组切分的基础。

2. 语调组的边界特征

停顿(pause),语调组的终了常有一短暂停顿,它是连续语流之间的短暂语音间隔,也是确立语调组边界时常借助的最明显的要素。停顿,从某种意义上说,是一种组合信息的方式,是发话者通过语流间隔表达意义的一种手段。在言语交际中发话者常常根据自己要表达的意义(intended meaning)对句子进行切分,受话者则根据发话者的停顿推断话语的真正含义。试比较: //The game ended happily.//(=The game ended in a happy way)

//The game ended,//happily//(=It was fortunate that the game ended)

语调组边界停顿在语篇层面中的功能表现更明显。虽然停顿的长短与语体、速度、语言结构及情感状态有关,但大量研究已证明,停顿在言语中起着指示灯的作用,语句中韵律边界等级越高,无声段越长。例如,句子内语调群之间的停顿时间通常短于句子之间的停顿时间,尤其是当语篇从一个话题转入下一个新话题时,停顿时间往往会更长。在快速语流中,停顿有时不易被察觉,但是有可辨认的节奏方面的分割或语调模式的不连贯。除了停顿之外，语调组边界还有其他三个可辨别的语音特征：起首轻音节（Anacrusis）、延时音节（Lengthening）、音高重设（Pitch Reset）。语调组边界的这四个语音特征常被用来作为语调组切分的四个外部语音标准。

以上两小节笔者从语调组的内部信息结构和边界指征两方面讨论了语调群的语篇功能。语调组通过其内部语调核心的声调重音突出区别新信息和已知信息的功能来指示信息结构、传递新信息，通过其外部边界的停顿及其他音韵特征切分言语流。它们是语调组信息功能在小句层次上的讨论。语调组的语篇功能只有在通常含多个语调组的语篇，即语调群组合（intonation-group sequences）中才能得到充分体现和说明。下面一节笔者将结合系统功能语言学理论中的主位结构和语篇主题理论，从语调组划分的视角，探讨语调组在语篇层次的功能体现。

（二）语调组的言语流切分功能

从上文可知，语调组是言语流切分后的基本单位。言语流切分功能是英语语调组在语篇中的基本功能。其具体体现如下：

生理需要。较长的句子很难一口气念完，中间需要换气（停顿），这是言语者生理的需要。Cruttenden 也提出英语语调组长度一般不超过五个单词，当然朗读语篇中的语调群可能会比日常口语或演讲语篇中的语调群长些。

表达的需要。语调组太长不但产生冗长沉闷的感觉，而且缺乏层次、有碍表达。而恰当地运用调群组合会使要传递的信息层次分明。同时通过不同调型和调头型的运用，形成较好的音韵平衡，使信息表达产生较为理想的效果。科技文献、法律语体及书面语叙事体语篇中长句密集，在朗读此类文章时常需要借助语调群的切分功能以有效传达信息。

例 1//31LAST year//3 a JOURnalist//4 had been instructed by a well-known magaZINE//3 to write an ARticle//3 on the president's PAlace//1 in a new African rePUBlic.//

——Lesson5 The facts2

例 2//3 The first of the two ships to reach JAva//3 after the race had beGUN//4 was the THERmopylae，//3 but on the INdian Ocean，//13 the CUTty Sark took the LEAD.//

——Lesson 25 The Cutty Sark

口语信息传递的特殊性。与书面语交际中读者可随时回头重读的特点不同，口语交际信息传递有瞬时性和一个调群只载有一个信息点的特征。这就决定了如果一句话中信息量过度集中，那句话便得划分为较小的调群。胡壮麟对澳大利亚新闻广播语篇语调分析时就发现，广播员在新闻播报中大量使用语调群以提供更多的新信息。这与广播新闻是信息高度集中的口语体语篇有关。

（三）语调组突出语篇重要成分的功能

英语语调不仅具有口语语篇信息组织、传递功能，还参与语篇构建，指示语篇结构。研究表明，在口语语篇中存在高于单个和几个语调组合的"调段"（paratone），表现为非常规的停顿（长于一般语调组边界停顿时间）加上开头的高音高值，标志着话题的转换。朱姗、陆国君等则从语篇中不同层次的言语单位的边界音高呈规律性差异的角度论述了语调与语篇结构的有机联系。下面将从语调组切分的角度对此进行探讨。

1. 语调群与主位、述位的对应关系

主位结构（Thematic Structure）是系统功能语法之语篇功能的重要组成部分，是将概念意义和人际意义进行整合，并最终在语篇中得以实现的重要手段。主位和述位是组成该结构的两个功能成分。主位（Theme），是话语的出发点，在语篇中常与主题有关，构成语篇主题、分支主题或是从不同角度和侧面说明中心主题。述位（Rheme）则是围绕主位所说的话，往往是话语的核心内容。由此，主位和述位都是重要的语篇功能成分，这正好和一个语调组表达一个信息点相对应。语调群与句子主位、述位的对应可以从 Leech 和 Cruttenden 从句法结构角度提出的语调群切分的指导原则上看出。例如：

1）位于句首的附加语成分（传统语法的状语短语）和句子补语常作为单独的语调群。例如：

a）//Surprisingly（T）//he passed the exam…（R）

//During the last four years（T）//private enterprise in the United Kingdom…（R）

b）Well I like her//but her husband（T）//I can't stand.（R）

Me（T）//they blame for it.（R）

2）作主语的名词短语或分句常构成单独的调群。做主语的名词短语在以下两种情况下常作为一个单独的语调群，①名词短语较长；②名词主语受到主位化，做句子的主题主位（topical theme）。例如：a）//A friend of mine（T）//actually suffers from a cute absentmindedness.（R）

//The first man on the moon（T）//was Neil Armstrong.（R）

b）//What we need（T）//is plenty of time.（R）

（注意：T 并斜体表示主位，R 表示述位）

3）述位或包含述位的整个小句构成单独调群。例如：

//During the summer months, //the monastery//is very busy, //for it is visited by thousands of people//who cross the Pass in cars.//As there are so many people about, //the dogs have to be kept//in a special enclosure.//In winter, however, //life at the monastery//is quite different.//The temperature//drops to-30° //and very few people//attempt to cross the Pass.The monks//prefer winter to summer//for they have more privacy.//The dogs have more freedom, too, //for they are allowed to wander outside their enclosure.//The only regular visitors to the monastery in winter//are parties of skiers//who go there at Christmas and Easter.//…

——Lesson 8 A famous monastery

本例段中语调群类型涵盖了以上三种情况，其中画线部分均做主题主位的名词短语，名词短语语调群后面的语调群一般都是句子的述位成分，它们在朗读中均作为单独语调群处理。

2. 语调群切分与语篇宏观结构的相关性

语篇语调分析实践中有一个有趣的现象，即表达语篇或语段主题、中心思想和重要内容句子的内部语调群数目通常较多，尽管句子本身可能较短；而介绍、提供背景信息的句子内语调群的数目通常较少，尽管该句可能较长。

例 1//3 Some time aGO，//1 an inTEREsting discovery was made by archaeologists//3 on the Aegean island of KEA.//1 An American TEAM//1 explored a TEMple//1 which stands in an ancient CIty//1 on the PROmontory of Ayia Irini.//…

——Lesson 3 An unknown Goddess

选段出自说明性短篇故事《无名女神》，介绍了美国考古队在考察爱情海基亚岛上一座庙宇时发现古希腊爱情文化时代女神雕像的故事。语段画线句虽然只有一句话（含18个单词，10音步），朗读中却被截成4个语调群。简单语篇结构分析后不难发现，此句位于原文段首，属短文故事摘要，简要介绍了故事发生地点、人物和事件，属于篇章主题句。

例 2//3 The SIlence//1 was suddenly BROKen//3 when a large CAR，//3 with its headlights ON//3 and its horn BLARing，//1 roared down the arCADE.//3 It came to a STOP//1 outSIDE the jeweller's.//3 One man stayed at the WHEEL//3 while two Others//3 with black stockings over their FACES//1 JUMPED out//1 and SMASHED the window of the shop//3 with iron BARS.//…

——Lesson 6 Smash-and-grab

语段画线部分的两个动词短语，在朗读中分别作为单独调群处理，并接受降调强势语调和篇章重音。在语篇中它们是反映故事主题和主要情节——三个汪洋大盗"光天化日之下砸橱窗对珠宝店进行疯狂抢劫"的关键词，与故事题目形成呼应。

例 3//3 HowEver，//1 he had at last been allowed to send a FAX//3 in which he inFORMED the editor//1 that he had been arrested while COUNting//1 the 1.084 STEPS//1 leading to the fifteen-foot WALL//1 which suRROUNded the president's palace.//

——Lesson5 The facts

故事《确切数字》讲述的是某著名杂志的记者为了完成主编下达的重要任务——核实非洲某个新成立的国家的总统府台阶的确切数字和围墙的高度——而惹来遭受逮捕、关监狱意外之灾的故事。画线部分的名词短语和分词短语在朗读中分别构成单独调群并选用降调。读完故事便可发现，这两个调群中的数字是支持文章主旨的关键细节，即故事开头句"报纸杂志的编辑们常常为了向读者提供一些无关紧要的事实和统计数字而走极端"。这两个数字细节饱含了对"迂腐"和"顽固"主编们的批评和嘲讽。

用语调群信息功能理论，以上画线部分的调群划分特征可以解释成主题句和中心句内容概括、信息浓缩，故调群密集；而介绍背景信息的句子则无此特征。然而用语篇结构理论来解释也许会有新的发现。就语篇功能来说，语篇主题句体现整个语篇的主题和中心思想，制约语篇整体语义内容的发展和结构的建构。"为了强调而把整句话或者其中的某一部分读得特别响亮，从而使听话人对重读部分比对其他部分更加注意。"调群密集型句子因调核重音多而密的发音效果而使整句话听起来特别响亮，从而使听话人对该部分比对其他部分更加注意，达到对此语篇成分重要性的突出和强化目的。

上述分析表明，语调组通过其内部语调核心的声调重音突出区别新信息和已知信息的功能来指示信息结构、传递新信息，通过其外部边界的停顿及其他音韵特征切分口语语篇言语流。借助系统功能语法的语篇功能理论和语篇主题理论，通过对口语语篇语调分析还发现，语调组还参与语篇主旨和内容的构建。语调群与语篇微观层次的主位、述位存在对应关系，语篇中的语调群切分与语篇宏观结构具有相关性。语调组在语篇组织建构中对语篇重要成分具有突出和强调的功能。相关研究结果对英语口语语篇调群切分探讨、语篇语调分析实践和英语朗读、听力教学等具有重要理论价值和现实意义。

第七章　英语语调教学研究

第一节　英语语调学习的困难及教学

英语学习是每个学生在接受教育过程中的必经之路，同汉语一样，英语在其形成与发展过程中也形成了其自身独特的语调语音。英语作为一门语言学科，对学生来说最大的学习困难莫过于语调学习了，因其与汉语差异，使得英语语调学习始终困扰着大多数学生，本节旨在深入分析英语语调学习的困难和相应的教学对策。

一、语调学习带给学生的困难

（一）错用单词在句子中的强读和弱读

事实上，由于各个句子的语境不同，单词的强弱读情况也有不同。每个单词在重读或弱读的时候具有不同的发音。在句子中不重读的虚词（主要包括冠词、代词、连词、介词、助动词）常为弱读式。在日常交流中很多词本该被弱读，而多数学生习惯将其强读。这不仅会让人感觉总体发音很不地道，更有可能使 native speakers 难以领会。

（二）连读不当

许多人认为如果同一个意群中，若相邻的两意义相关的单词，前者以辅音音素结尾，后者以元音音素开头，将辅音和元音相拼来构成一个音节，便是连读。其实不然，连读并非仅此一种。连读一般有以下几种：①辅音+辅音。I.前一单词以辅音结尾，后一单词以相同的辅音开头，则只读一个发音，相同的发音随着第二个单词。如 black cof fee。II.前一单词以 p、b、t、d、k、g 之一结尾，且后一单词以不同的辅音开头，则失去爆破。如 take care。②元音+元音。I.前一单词以 [i:]、[ei]、[ai]、[i]、[i] 结尾，后一单词以元音开头，则两单词之间发音加 [j] 这个读音。如 see of f。II.前一单词以 [u]、[au] 结尾，后一单词以元音开头，则单词间发音加 [w]。如 go of f。

（三）句重读

在英语句子中，有的词是携带关键信息的，有些词只是将其他关键词连接成句子。我们可以把句子中的词分成信息词（information words）和功能词（function words），信息词为名词、数词、形容词、否定词等能传递关键信息的词，功能词则为冠词、代词、助动词、介词等起辅助信息词构成完整句子的词。交流是为了信息流通，因此句子重读的一般为信息词。

（四）节奏

中英文朗读都需有节奏，但二者的节奏形成方式却大不相同。汉语以音节计时，而英语以重音计时。英语中，轻音节、重音节会组成节奏群，重音以大致相等的时间与轻音节交替出现。这样的重读规律便通过改变音的长短、减音、连读等来实现。如此也就形成了英语的节奏。具体而言，为保证重音等时，就要压缩非重读音节，若两重音见的非重读音节多，则需快读非重读音节，反之则将重音拉长。

（五）语调

类似于汉语的"抑、扬、顿、挫"，说英语时音调的高低升降就形成了英语语调。英语语调的变化对表达自己的意愿及情感有着举足轻重的作用。降调可以表示肯定，升调可以表示怀疑，降升调可以表示赞美。小小的声调变化竟有此大作用，但要妥善地运用它也非易事。学生中羞于开口，害怕因声调问题闹笑话而选择单一语调的人不在少数。

二、教学对策

（一）优化课堂学习气氛

兴趣是最好的老师，死气沉沉的课堂气氛会大大削弱应有的教学效果，而一堂有生气的教师与学生间通畅沟通的课往往能事半功倍。教师在授课的同时应更多地关注学生的反应，让学生和老师一起走在探索知识的路上自己寻得学问总比将干巴巴的条条框框塞给学生要好得多。因此打破传统教学模式，尽量减少教师一言堂的情况，积极调动课堂气氛，鼓励所有学生加入学习讨论，发动每位学生用英语表达自己的想法很有必要。

（二）强化理论学习

很多学生翻不过语调学习的大山在于他们连基本的翻山技能都不知晓。不会单词重读，不知何处、如何连读，不明语调功能自然说不好英语语调。可见基础理论的教学至关重要。要把音素（掌握正确发音方法，克服方言影响）、语流及节奏（学会连读、词的强弱读式、句重音、词重音的同化异化、辅音连缀等）、语调（掌握降调、升调、降升调、升降调的使用）贯穿语音教学始末。

（三）加大输入输出

众所周知，语感对外语学习十分重要，而语感来自对英语本身的广泛接触。只有置身于英语的海洋中才能充分体悟到它的美。语言学家S.Krashen的语言习得理论中区分了习得和学得。此理论认为，对于外语习得比学得更重要，大量有意地输入是外语学习成功的必要因素。语言的学习、掌握需要学者在各种的语境中不断加深理解，最终内化为自己的语言。笔者认为，在口语能力的养成过程中，学习者只有通过多种渠道，获得多样的语言学习资源和真实的语境，保证输入量，才能从根本上提高自己的口语水平。在输入的同时，输出也必不可少。输入的绝好途径是观看英文原版电影和视频，其实在这个输入的同时学者可以跟着输出——跟读视频中的地道英语。当然，还可以大量模仿英文原版录音。

综上所述，语言之间各种各样的差异我们是不可避免的，定式思维是不可能运用于不同的语言学习中的，通常情况下，最开始的习惯性思维造成的后果往往是学习不精准，甚至出现学习障碍，使得接受知识困难，因而，为了接收正确知识，就要从头便纠正好学习方式，摆正学习态度，接收最纯正的英语发音。英语语调学习的困难较多，但总有对策。只要学生充分认识到语调学习的重要性并积极和教师一起努力、改进，定能拿下英语语调。

第二节　中国学生的英语语调教学

英语语音教学不仅包含最基础的单个语音（音段）教学，也涵盖语调、重音、节奏、语速等，这些通常被称作韵律特征（超音段音位特征）。在这些韵律特征中，语调地位独特，对发音的正确性以及话语意义影响显著，应给予足够重视。错误的语调不仅会使语音听起来怪异，而且可能引起交际中的误解。因此，在这种意义上，可以不夸张地说，语调是言语的"灵魂"。语调的重要性固然容易理解，但实际的语调教学却并非易事。本节旨在介绍笔者在实践中成功应用的几种英语语调教学方法，希望能够对相关教师有所帮助。

一、汉、英语调比较

语调是话语的音高曲调，主要反映音高的变化。几乎所有的语言都有音高变化，但方式各异。相应地，语言可以分为声调语言和语调语言两个主要类别。在声调语言中，音高变化是区别词义的要素，每个词在发音时都有其特定的音高或声调，一旦替换为其他声调，就往往会使其词义或语法类别发生改变。汉语就是典型的声调语言，在区别词义和词类时使用四种声调：一声（平调），二声（升调），三声（降升调），四声（降调）。如音节"zhi"在带四种声调时，分别可指：知、直、纸、制。但是，在语调语言中，词义不会随词的音高的变化而改变，重要的往往是语调，即全句的整体音高变化。不同的语调模式与不同的用法和意义相关。英语就是典型的语调语言。

但是，声调和语调在特定语言中并不总是相互排斥的。事实上，声调语言也有语调，汉语就是如此。尽管汉语主要属于声调语言，但同样也使用丰富多样的语调模式。

然而，与英语语调不同的是，汉语语调是叠加在四个声调之上的。由于受声调自身的严格限制，且汉语语流中的非轻声音节有获得均等重音的趋势，因此，汉语语调的整体调域相对较窄，音高变化的自由度受限较大。相比之下，由于没有声调的限制，英语语调的调域更宽，音高变化的模式也更为丰富和自由。整体而言，英语语调曲拱的起伏变化也比汉语更为显著。

汉语的语调特征对中国学生的英语语调学习产生了深刻影响。由于习惯了汉语语调，学生往往觉得英语语调起伏不定，难以捉摸。最终导致学生习惯如讲汉语一般给各个英语单词平均分配音高，从而使得他们的英语口语带上了很浓的汉语口音。同时，学生在说英语时随意分配音高的起伏变化，从而使得他们的英语语调听起来极不符合英语母语人群的语音发音规则。

通过对英、汉音高使用的比较，可以清楚地认识到，在进行英语语调教学时，教师需要指导学生感知英汉语调的不同特征，帮助他们认识英语语调的实现方式与特征，而这种认识则为进一步的英语语调学习提供了必要的基础。

二、英语语调结构分析

语调是话语的一种语音特征，它以调群（音调单元）为单位与话语形成映射。调群是语调描写的基本单元。调群切分虽然可有不同的标准，但主要以语义和语法为两大标准，通常与意群相对应。调群的边界往往出现在短语、小句或句子的末尾。句首副词或主语也常常构成独立的调群。

英语调群内部结构清晰，由调冠、调头、调核与调尾四部分构成。其中，调头和调核是重读音节，调冠和调尾是非重读音节。调群内，调核是最为凸显的部分，因此必须强制出现，而其他三部分的出现则不具有强制性。例如，在句子"His boss fired him."中，就包含了这种结构：His（调冠）boss（调头）fired him（调核+调尾）。调群的整体音高运动模式就构成了语调模式，主要包含两部分：调核前的部分称为调核前调，调核后的部分称为核心调。二间之间的关系就像"词干语素与前缀之间的关系，词干表达核心语义，前缀的作用则是对核心语义进行某种修饰"。

由于核心调不仅决定了调群音高模式的主要意义，也是调群内最为凸显的音高变化，因此，它自然应当成为英语语调教学的重点。英语主要区分五种核心调，即：升调（R：/）、降调（F：\）、降升调（F-R：V）、升降调（R-F：∧）、平调（L：-）。熟悉这些核心调对学习并掌握英语语调是十分必要的。此外，还有三个方面也需持续关注。

第一，不能忽视调核前调的教学。尽管核心调是语调的核心部分，但并不能等同于语调的全部。作为语调的一部分，调核前调对核心调的意义可以起到一定程度的修饰作用。与核心调相比，调核前调的音高变化范围相对较小，教学难度更大，不容忽视。

第二，也要注意调群组合的教学。在连续话语中，一句话可能包含多个调群。此时，就需要掌握正确的调群组合。例如，话语"You can write to him if you like."中的两个小句通常就会构成两个调群，二者构成"升+降"的调群组合。对于只习惯基本语调模式的学生，调群组合可能构成困难。因此，对于一些常用调群组合（如降+降，降+升，升+降，升+升+降等）的教学也应当成为英语语调教学的必要组成部分。

第三，要避免语调的孤立教学。作为一项韵律特征，语调与其他两项特征（重音和节奏）相互作用，关系密切。语调教学必须与语句重音与节奏的教学结合起来。

三、语音教学策略分析

（一）通过模仿练习语调

模仿是语音学习的一项基本技能。但是，在英语语调学习中，机械的模仿是不够的，必须了解英语语调的特征、结构和用法，并以此为指导。根据具体的教学实践，语调的有效模仿可以采取以下步骤：

挑选合适的听力材料，如标准日常对话、简单短故事及电影对白等，反复听练直到对其中的语调模式非常熟悉。

在材料文本上仔细标出这些语调模式的结构和音高，包括句、词重音，节奏群以及停顿等。

对照标记后的文本反复模仿。

为模仿练习录音并与原始材料语音进行对比，对比时，二者最好是在不同播放设备上同步播放。

找出差别并进一步细化文本标记。

重复上述过程，直到达到模仿与原始材料几乎完全一致。

以上模仿程序的优点是可使学生彻底而完全地投入。学生可以在课余时间自主进行模仿练习，当然，最好是进行结对或小组练习。教师的任务是检查并提供个别指导。通常，在进行七至八段练习之后，学生就会开始取得进步。

（二）重视英语语调的功能

语调是口语交流中必不可少的组成部分，这不仅因为语调是自然话语不可缺少的韵律特征之一，而且因为语调还在语言交际中发挥着各种功能。要恰当地使用语调，就需要了解语调的功能，并且要有能力正确地说出各种语调模式。因此，语调教学必须从功能出发，不能孤立进行。英语语调，尤其是核心调，有四项主要功能，即语法功能、语义功能、态度功能，以及重音功能。

语法功能是指语调可以用以区分不同的句类和话语结构。总体而言，句类与语调模式之间存在着一定的对应关系。例如，升调用于疑问句，而降调用于陈述句、祈使句和感叹句。语调模式的变化可能会引起语句功能的改变。例如，陈述句"He likes English."如果使用升调来表述就可能转变为疑问句。但是，这种对应关系并不严格。当语调模式改变时，句类也常常保持不变。祈使句就是一个简单的例子。尽管使用降调或升调时意思会发生改变，但句子仍然是祈使句，类别并未改变。语调也可以用于消除某些句子结构方面的歧义。此时，调群发挥了重要作用。作为语调的基本单元，调群可与不同的句法单元重合。因此，调核边界的位置可以使某些歧义语句的意义变得清晰而明确。例如，随着调核边界位置的不同，语句"I didn't speak because I was tired."可以有两种理解：如果边界位于 speak 与 because 之间，则"未发言"的原因就是明确的；如果边界在全句末尾，即全句构成一个调群，则语义完全改变。

语义功能是指语调是口语交际中区分语义的重音手段。许多书面表达的意义可能会随其语调模式的改变而发生改变。看以下三个例句。语句"I beg your pardon"在使用升调和降调时，意义是"请再说一遍"和"我很抱歉"。语句"They don't want anything"在使用降调时，意为"他们什么也不想要"，但使用降升调时，意义变为"有没有什么东西是他们可能会想要的？"。在回应语句"John has just made a new friend"时，使用升调的"Who?"意为"Who has just made a new friend?"，但是使用降调的"Who?"，疑问重点变为"Who is the new friend John has just made?"。

语调的另一种常见用法是传达说话人在交际中的态度和情绪，这就是语调的态度功能。例如，"Thank you"用降调来表述时，表示说话人在真诚地表达感谢，而用升调说出则可能表示他的态度比较随意。尽管语调所表达的大部分态度与情绪均离不开具体的语境，但还是存在某些英语社会普遍接受的常规用法，其中一些语调的态度表征如下：

升调：不确定、礼貌、怀疑。

降调：明确、信心、决断。

升降调：意外、赞成、不赞成。

降升调：犹豫、对比、保留。

平调：不关心、中性、未完。

语调的重音功能可用以凸显话语中的某些音节或单词。顾名思义，此项功能与语句重音密切相关。在调群内，调核一般落在最后一个实义词上，并使其成为语义核心。但是，调核出现在更靠近句首的实义词上也是很常见的。例如，在语句"It is a detective story and I like detective stories"的第二个调群中，由于 detective story 属于重复信息，重音没有落在 story 上，而是落在了 like 上。然而，当出于表达对比或强烈语气的目的时，句群内的任何词项都可以通过获得调核重音的方式而变得凸显。以语句"I telephoned Mary yesterday."为例。当调核重音分别落在四个词项上时，产生了不同的对比效果：

"I（not you，he or she）telephoned Mary yesterday."

"I telephoned（not visited or wrote to）Mary yesterday."

"I telephoned Mary（not Tom，Jack or Helen）yesterday."

"I telephoned Mary yesterday（not today or the day before yesterday）."

语调的上述功能表明，语调是有意义的，对话语理解作用显著。使用与区分这些功能的能力应该成为发展学生英语交际能力的一部分。由于语调的功能不是抽象地脱离语境而存在的，而总是出现在语言的具体使用中，语调教学也必须在明确而具体的语境下进行。因此，语调教学材料应选择真实的会话语篇，而非孤立的或者脱离语境的句子。

综上所述，英语语调有其独特的结构与功能。对于学习英语的中国学生而言，这些理论知识是重要而有益的。在实际教学中，须注意将这些知识融入英语语调的模仿练习当中。一方面，要通过讲解语调理论指导学生的语调练习；另一方面，练习也会强化对理论的应用。坚持这种理论与实践相互促进的教学过程，最终将会帮助学生习得令人满意的英语语调。

第三节 功能视域下大学英语语调教学

英语是语调语言，英语本族语者在交际中传递信息、表达思想、交流情感，都离不开语调这一超音段特征。英语语调研究学者 Kingdon 的"语调是语言之魂"的论断在英语语调研究领域颇有影响力，也深刻地揭示了英语语调在交际中的重要性。

然而，审视国内的大学英语教学，不难发现目前已开展的英语语调教学实践相对较少，且存在费时低效的现象。教学中师生更多地关注英语发音是否标准，而语调运用是否地道、语调在特定语境中的升降规律如何以及怎样提高语调使用效率等问题尚未引起实践者的足够重视，这或许与他们尚未意识到英语语调在交际中的重要作用有关。

英语语调是一个非常复杂的系统，语调语义的准确理解依赖于特定语境，因此对于 EFL 环境下的中国英语学习者来说，系统掌握英语语调并在交际场合恰当运用非常困难。帕麦尔和布兰德弗"一个人的本国语的语调都是在不知不觉中学到的"的论断进一步证实了缺乏真实语言环境的国内英语语调教学面临的困境。仅仅掌握习惯型语调模式，即语言的形式与结构决定语调在真实的交际情景下还远远不够。基于语调功能来研究英语语调的教学实践是近年来该研究领域较为推崇的一种方法。笔者以 Peter Roach 的语调功能四分法为基础，对大学英语听力教材中的语调使用情况及对应功能进行归纳和分析，试图研究 EFL 环境下中国大学英语语调教学的可行性策略。下文中引用的例句源自英语听力教程、全国大学英语四级考试听力材料和新视野大学英语听说教程，笔者在举例说明时对例句的调心进行了标注。

一、语调功能分类

英语语调的功能研究属于语音学的研究范围，随着功能主义语言学的兴起，目前在国内外学界甚为流行。然而不同学者对英语语调功能的分类存在差异性，如 Paul Tench 将语调功能分为信息的组织、交际功能的体现、表态功能、句法结构、篇章结构、语体辨析六种。Peter Roach 则认为最常见的语调功能只包括表态功能、重音功能、语法功能和语篇功能四种。

（一）语法功能

曲文明指出，不同的语调模式区分句子的种类，不同的调元界标位置区别句子的语义，这就是语调所起的语法功能。为方便学生掌握，传统英语语调教学倾向于把语调类型与句型、语义对等起来，如陈述句、感叹句和特殊疑问句常用降调，表示说话者肯定、赞同、命令等语义；一般疑问句用升调，表示不确定或疑问语义；选择疑问句前升后降，反义疑问句则是前降后升。例如①：

1.A：What's your job（↘）?（表示询问）

B：I'm an accountant（↘）.（表示陈述事实）

A：Oh!（↘）Do you enjoy it（↗）?（降调表示感叹，升调表示疑问）

B：No.I don't really like it（↘）.It's boring（↘）.（降调表示肯定）

这种教学实践的结果往往是英语学习者根据句子类型确定一个句子的语调类型。事实上，语调的语法功能未能概括真实语境下语调运用的全貌，话语语义除字面意义之外，还有隐含意义或语用意义，需要配合相应的语调才能最终实现话语意义。日常交际中，英语本族语者早已习惯于通过语调的曲折变化来表达自己的情绪、情感或态度，如高兴、愤怒、惊喜或厌烦等，同一个句子需通过不同的语调表达不同的情绪，而不局限于句子的类型，或者说句子类型与语调之间不是一一对应关系。

（二）表态功能

同一个句子因说话者使用不同的语调而传达不同的语义和情感色彩，这就是语调的表态功能。此时，语调的运用不拘泥于语言的形式和语法。例如下面一对恋爱中的男女进行的有趣对话：

2.A：Do you love me（↗）?

B：I'm very fond of you（↘）.

A：Yes（↘），but do you love me（↘）?

B：Uh...You mean a lot to me（↗）.

A：Why won't you answer my question（↘）?

B：What question（↘）?

A：Do you love me（↘）?Come on（↗）!I want to know（↗）.

B：I care for you very deeply（↘）.You know that（↗）.

A：That isn't the same thing（↘）!

交谈双方语调变化特征明显，通过语调的高低起伏赋予小句浓厚的感情色彩。A（男方）第一次提出 Do you love me 时用升调，表示不确定。B（女方）未用 yes 或 no 进行直接回答，而是用间接、委婉的方式表示肯定 I'm very fond of you，"very"一词音高值最高，加重了肯定语气。在未取得确切答复后，A 又问了同一个问题，不过这次句尾却用降调，表达急切、追问的态度，甚至带有命令的口吻。这时的 B 以 You mean a lot to me 再一次对 A 的问题进行了肯定表达，而句尾的升调则体现出此时的 B 感到奇怪，不能理解 A 的真正意思。等到 A 第三次问同一个问题时，B 显得非常不耐烦，不断抬高音量，对其没完没了的提问表示愤怒和抗议。

该场景对话充分证实了英语语调具有表态功能，一个句子升降调的选择完全取决于交谈的语境和交际双方的说话意思，而没有固定的语调模式。对于英语语调在具体语境中体现出的复杂性，有研究者称之为"无规可循"。

（三）重音功能

语调的重音功能研究是以韩礼德的系统功能语言学中的语调系统为理论基础。在研究英语语调时，系统功能研究者是基于信息单位划分语调组，基本上一个信息单位等于一个语调组，包括已知信息和新信息。语调组是以英语语调结构为基本单位，包括调冠、调头、调核和调尾。一个调组内部最重要和需要突出强调的信息词往往被赋予调核重音，调核的语调从很大程度上影响着整个语调组的语调。

语调的重音功能主要是指说话者通过赋予被强调信息（往往是新信息）调核重音的形式来达到区分主要信息和次要信息的目的，从而实现说者与听者之间信息的有效传递和沟通，会话节奏得以有效掌控。例如：

3.//^the boy stood/on the/burning **deck**//

//^now/silver/needs to have/**love**//

依据语境，例 3 第一个小句中的"on the burning deck"和第二个小句中的"needs to have love"是新信息成分，其中"deck"和"love"两个词分别被标记为黑体，发音时需要声调突出，是这两个小句的信息焦点，也是新信息的顶点和终点，被赋予了标记性的调核重音。

（四）语篇功能

语调的语篇功能是把语调作为一种语篇衔接和连贯手段来进行研究的。何安平指出，语调以语音的形式实现了篇章语义的衔接与连贯，并从调核重音、调式组合、韵律特征变化等三个方面描述了篇章语调的衔接机制。曲文明研究出了英语语调在口头语篇中的三大功能，即注意力聚焦与会话行为调节、语调的语篇衔接作用、语调体现语篇不同的文体。

从语调和语篇语义的实现关系分析，每个语调组（通常为一个小句）中传递最重要信息的词汇往往被赋予调核重音，体现为音调的明显增强（可升可降），达到强化该信息的效果。同一语段内调核重音能够把所有的重要信息连接成一个或表递进或表转折的语义链，从而体现和实现语篇的衔接与连贯。从某种意义上来说，语调的重音功能研究成果为语篇功能研究奠定了基础。下面看一则对话：

4.A：/Do you sell camping gear?/

B：/yes/we have tents/sleeping bags/just about everything you might need/including stoves/…

该段语篇围绕购买野营设备这一中心议题展开，与这类设备相关的重要信息词汇如 tents（帐篷）、sleeping bags（睡袋）、stove（炉子）都被赋予了调核重音。这些词汇的音高变化和小句语调升降共同作用，形成了一条与话语主题相关的语义链。陈述中调核重音词 tents，sleeping bags，everything 和 stoves 均被赋予升调，表达了语义的递进。

三、语调功能在教材中的应用

目前我国大学英语听力教材多采用国外有声资料，以保证英语教学中标准英语发音的输入。英语语调的上述四类功能在该类教材中表现相当活跃。笔者以当前大学英语听力教学中的代表性教材为例，从语调的四种功能入手，对其中的语调用法和对应功能进行了梳理和归类。由于语调的升降在调心部分出现，因此下面例句只对调心部分进行标注。"调心是指句子中动调出现的音节，也就是一般我们所说的有逻辑重音、降调、升调和降升调所在的音节。它是说话人要传达的信息中心。"

语调的语法功能应用较为普遍，表现出一定的规律性，易于学生掌握；表态功能和重音功能中语调的变化曲线往往取决于上下文而非句型，有时甚至与语法功能规律背道而驰，如"Do you love me?"一句表达"疑问、不确定的态度"时一般用升调，而对话中用降调且配以较快语速，充分表达说话人"渴望对方肯定回答"的迫切心情。语调的运用离不开语境，这一方面增加了语调功能的丰富性，而另一方面却加大了语调的教学难度。

听力教材中 27 个短对话的 168 个小句的语调使用情况统计显示，降调出现频率最高（70.83%），占压倒性多数，其次是升调（18.45%），这与韩礼德"在日常英语会话中降调出现的频率最高"的论断相吻合。值得注意的是，降升调的运用往往无法从语调与句型之间的对应关系去理解，交际双方使用该类型语调时往往带有一定的感情色彩，如"It's quite all right."使用降调时表示肯定，意为"没关系"，用法较正式，而采用高降低升的语调则表达出态度温和、语气委婉、非正式"没事，别在意"。语篇功能的应用在教材中较为普遍，交际双方通过语调的不断变化，结合其他语法和语义手段实现语篇的衔接和语义的连贯。然而需要指出的是，语调的语篇功能在国内研究领域尚处于起始阶段，其研究成果应用于语调教学实践亟待挖掘。

四、语调教学策略分析

对英语语调进行系统性分析和归纳非常困难，尤其是对 EFL 环境下的英语教师而言，语调的语境性特征成为英语语调教学效果不佳的一个诱因。学生用英语交流时因不能理解对方语调而无法理解其语义、因语调运用不当而引起交际失误的现象时有发生。作为一种语调语言，英语语调在交际中的功能又无法回避。鉴于此，本研究基于英语语调的四大功能对大学英语听力教材中常用语调进行归纳，分析三种适合国内英语语调教学的策略，供大学英语教师参考。三种策略之间既互为独立又相辅相成。

（一）对比纠正法

以英语本族语者录音和学生录音为语料，借助语音实验研究软件如 Praat 生成科学、直观的音高频谱图，教师引导学生观察并对比图中重读音节的音高（Pitch）、音强（Intensity）等参数的分布情况。通过观察与比较，学生容易发现自己语调中偏离标准的地方，并及时纠正。该方法属于实验研究法，师生需要首先学习软件的操作和使用及分析不同种类的曲线图的方法，操作起来有相当大的难度，可参考和借鉴研究者蒋红柳的研究成果。

（二）提炼归纳法

通过不断引导学生，从手头教材例句中归纳真实语境下出现的英语语调的种类、功能及不同语境下的变化规律，形成语调类型与英语句型之间的对应关系，为习得整个语调系统奠定基础。例如，上文表态功能中那则有趣的英语对话，同一个问题"Do you love me"被表述三遍，且分别被赋予不同的语调，表达了不同的感情色彩。教师引导学生分析同一句子使用不同语调的具体原因是什么？语调运用的语境是否存在规律性？语调的句法分类规律和表态功能之间吻合与差异的情况怎样。

（三）模仿法

模仿本族语者语调使用方式，注重从交际意图出发反复揣摩英语语调在实际交际语境中的灵活性及规律性，从而尽可能向英语本族语者的语调运用习惯靠拢。有研究者曾经指出由于英语语调富于变化且对语境要求极高，仅靠模仿来掌握英语语调有一定的局限性。笔者不完全否认该观点的合理性，但也应看到，英语在中国毕竟属于一门外语，在缺乏真实语境的条件下习得标准英语的最有效方法就是靠大量模仿有声资料中本族语者的语调习惯，并应用于未来的交际场合。笔者在梳理教材中出现的各类语调中也发现，本族语者的语调习惯有一定的规律性，尽管例外情况也客观存在，因此模仿法具有很强的可操作性。

英语语调在交际中的功能决定了大学英语语调教学的必要性，而语调运用的相对规律性和教学策略研究成果使学生成功习得英语语调成为可能。教学实践中，教师引导学生大胆尝试语调教学的不同策略并不断探索，以全面掌握语调的规律性及语调因语境产生的差异性，最终达到提高学生英语语音语调水平和英语交际能力的目的。

第四节 英汉语调对比与英语语调教学

伴随着国际的合作，英语扮演着非常重要的桥梁作用的角色。英语正逐渐成为国际通用语言，有越来越多的人在学习英语。在我国大部分地区，小学三年级就开始学习英语。但是，大多数英语学习者不能熟练使用英语达到跨文化交际的目的。一般学习者能够掌握英语语言系统知识，但是学的都是哑巴英语，不会熟练地使用语言进行交际。这是什么原因呢？英语学习者在学习过程中常常忽略英语语调的学习，又由于受母语语调的影响，直接将母语语调运用到英语中，最终英语学习者不能说一口流利地道的英语。因此，在跨文化交际过程中遇到阻碍。本节将对比英汉语调差异，分析汉语语音负迁移对英语语音学习的影响，强调语调学习的重要性，试图探索英语语调教学策略。

一、汉语语调

汉语具有两种特质，一个是语调，另一个是声调。我们要清楚地认识到汉语的声调和语调是两个完全不同的概念。声调是指音节的高低升降形式，主要是由音高决定的。语调是说话时语音高低轻重配置而形成的腔调，指说话时的语气和停顿，是说话的腔调，就是一句话声调（pitch）高低抑扬顿挫的配制和变化。同样的句子，语调不同，意思就会不同，有时甚至会相差千里。汉语同时具备这两种特点，虽然二者不同却紧紧相连。

（一）汉语的声调特点

语言的类型分为两类，即分析性语言和综合性语言。泰语、汉语都是典型的分析性语言。分析性语言注重利用语序及虚词、助词等来强调语用功能和表达语法关系。汉语具有一个极其重要的特征，那就是声调。汉语是声调语言（tone language），即词义或语法范畴依赖于声调高低的语言。众所周知，汉语具有四个声调。其实，这四种声调起源于古代，在古代就有了四种声调的划分。但是由于长期历史演变，现代汉语的四个声调和古代的略有不同。现代汉语声调分为阴平（level）、阳平（rise）、上声（fallrise）、去声（fall），还有一个轻声。英语声调不具备区分字的意义功能，但是汉语声调是可以区分字的意义。比如，"da"这个音节的声调就可以有如下五种意义：搭（dā）、达（dá）、打（dǎ）、大（dà）、哒（da）。它们声调的不同构成了五个意义完全不同的字，而这种特征非常令中文学习者迷惑和感到困难。汉语中的句调常常受字调的限制，语调往往比较平，所以中国人说英语也习惯性地将汉语的特质带到英语语调学习中，造成英语口语十分不地道。这就是母语给英语学习者带来的阻碍。

（二）汉语的语调特点及语用效果

人们通常认为汉语的语调比起声调是没有那么重要的，人们常常会忽略汉语语调特点，但是汉语语调也是非常重要的。在日常生活交际过程中，人们可以利用语调来表达自己的喜怒哀乐、支持与反对。同样的，在交流过程中，人们也可以不光从对方说话词汇的选择，还可以通过观察对方说话语调的不同而判断对方的态度。所以，汉语语调在日常交际过程中也是具有重要的地位的。与英语语调相同，汉语的语调也有平调、声调、降调和曲折调。但是它们在语调表达意义上少有不同,笔者在后面部分将阐述。在日常生活中我们经常会遇到这种情况。

例如:(a)一个孩子对妈妈说:"这个玩偶真漂亮。"

(b)老师对学生说:"你昨天没有来上课。"

(c)北京是中国首都。

汉语的平调通常是陈述事实,用于说明、叙述。如果汉语使用者在说话时以上三句话用平调表达,则说话人就是在陈述事实,分别是陈述这个玩偶漂亮的事实、学生昨天没有来上课的事实、北京是中国首都这个事实。

汉语的升调常常用于表达说话人疑问、怀疑、惊讶的态度,如果说话人将以上三句话用升调阐述则会有不同于使用平调的效果。如(a)这个玩偶真漂亮啊(↗),小孩子是疑问妈妈是否认为这个玩偶漂亮。(b)你昨天没有来上课(↗),老师疑问孩子是否昨天来上课了。(c)北京是中国首都(↗),表示说话人怀疑这个问题,是以询问的态度了解这个问题。

汉语的降调通常表示陈述语气、感叹语气。如果说话人用降调说以上三句话有以下三种效果。如(a)这个玩偶真漂亮(↘),说话人则表达感叹,这个玩偶真漂亮啊!(b)你昨天没有来上课(↘)——陈述事实。(c)北京是中国首都(↘)——陈述事实。

汉语的曲折调有两种,分别为升降调和降升调,常常用于表示各种复杂的情感,如表示讽刺、惊讶、夸张、委婉的句子常用曲折调。如果说话人使用曲折调就会产生不同的句子效果。如(a)这个玩偶"真漂亮",说话人表示的含义就是讽刺这个玩偶的样子,意思是这个玩偶很丑。(b)哟,你昨天没有来上课,说话人是说的反语,表达说话人内心的不满情绪。(c)"北京"是中国首都,这也蕴含了说话人的一种不满情绪。综上所述,汉语语调的不同使用会造成同一句话的不同意义的产生。本是同一句话但是意义却大相径庭。

二、英语语调

语言学家一般认为,英语的演变经历了古英语、中古英语、早期现代英语和现代英语等四个阶段,其语法演变的总趋势,表现为从一个综合型的语言,逐渐向一个分析型的语言发展,即次的曲折发展逐渐减少,语法意义的表达越来越多地依赖于语序及介词等语法功能词的应用。英语是综合分析语言,英语句子有语调(intonation)属于语调语言。

语调是指说话时声音音调的变化所造成的旋律模式。英语重视语音在语言中的作用,英语语调的功能和意义非常丰富。它常常能在说话的词汇意义上添加很多语调含义。语调伴有个人特色,但是语调不是由说话人随心所欲、任意使用的,而是一个言语社区中约定成俗、标准化了的一些模式。语调是英语的主要表意模式。通常说英语有平调、升调、降调和曲折调。这和汉语语调分类是一样的,但是英汉在具体的语调使用方面,表达出来的句子意义是有差别的。接下来,笔者将会把英汉语调的含义进行对比。

汉语的平调通常表示陈述事实。但是，英语的平调略有不同。英语的平调可以表示粗率、超然的或者是带有个人偏见的态度。在英语中，使用高平调往往给人的印象是高傲自尊，使用低平调是表示说话人不耐烦的情绪。

如：（a）How do you do? 不耐烦

（b）I am coming 粗率

（c）I am a king 高傲自尊

汉语的升调表示说话人疑问、惊讶、怀疑的态度，而英语的升调广泛地运用到各种疑问句中。甚至在英语口语中，说话人常常用句末声调表示疑问，而不是使用特殊疑问句。英语的升调可以表示说话人的不肯定、缺乏确定性、意思未完，高升调常常表示说话人情绪激动，低升调常常表示说话人是以一种鼓励、安慰的语气进行对话的。有时也会表达出让对方继续说下去的意义。

Are you clear? 情绪激动

I am afraid of I "can not" finish my homework.You "won't" finish fail（鼓励对方）

汉语的降调表示陈述语气和感叹语气，而英语的降调基本上表示肯定、明确、完成和命令等。英语的高降调表示轻松、愉快、有趣的情绪，低降调往往表示漠不关心甚至是不耐烦的语气。

与汉语相同，英语也具有曲折调，分别为升降调、降升调。升降调常常表达嘲讽、责备的语气，降升调往往与暗示、言外之意相联系，表示说话人的话语还有一层隐藏的意思。综上所述，英汉在语调方面也是具有相似性和不同性的。通过对英汉语调的对比，了解英汉语调的差别，揭示英语学习过程中，语调学习的重要性。在跨文化交际中，我们能充分理解说话人所要表达的意思，有利于交流的顺利进行。

三、汉语语音负迁移现象对英语语调学习的影响

"迁移"这一概念源自心理学。它指的是"人们已经掌握的知识在新的学习环境中发挥作用的心理过程"（蒋祖康 1999：19）。在二语学习过程中，母语对这个过程中的影响是"迁移"（transfer）。迁移分为正迁移（positive transfer）和负迁移（negative transfer）。因母语与二语相异而阻碍二语习得的迁移称为负迁移。因二者相似而促进二语习得的迁移为正迁移。

Allan James 指出"本族语结构对第二语言结构的影响，在语音方面比其他方面大得多"。英语学习者在二语习得过程中不由自主地将母语的语音知识与英语语音联系起来，通过发现二者的相同或者相似之处学习英语语音。英汉属于两个不同的语系，它们有着各自的语音系统。比如英语中的齿音 [θ]、[e] 及元音 [au]，学生都很容易发错，读成近似的汉语发音。这些都是语音负迁移对英语语音学习的影响。另外，中国学生受母语语调或者方言语调调整的影响，讲英语时习惯性地使用降调。汉语是段奏音，各音节间有着明显的间隔。然而，英语却是连奏音，同语中的各个音节，各个词之间的音都是首尾连接的，听不出明显的分界线。中国学生往往没有意识到英语语调和汉语语调的差别，都是因为受汉语韵律的影响，读起英语往往语调平平，升降起伏不大，

毫无纯正英语语调的音律之美。即使有的学生意识到了这个问题，努力尝试着语调的起伏，学生却不知道在哪里升调、哪里降调、哪里重读、哪里停顿。因此母语语音负迁移对英语语调学习的影响不可忽视。下文笔者将探索英语语调教学的策略。

四、英语语调教学策略探索

中国的学生在学习英语时，普遍能够掌握语言系统知识，但是学生却没有培养出良好的英语口语。由于受母语根深蒂固的影响，中国学生说英语时，经常使用降调。正如前文提到的，虽然英汉在有些语调上是相似的，但是，值得注意的是，汉语是具有两种特质的语言：声调与语调。汉语语调通常情况下是被声调掩盖了。这就是为什么汉语的语调变化运用没有英语语调丰富。英语的表意很大部分是依靠语调的。所以，在英语学习中，语调学习也是非常重要的。笔者试图总结一下方法，以期对英语语调教学做初步探索。

（一）克服心理因素的障碍

在开始学习英语语调时，学生往往会因为心理原因不敢开口模范，甚至有的学生一开始模仿标准英语语调时就起鸡皮疙瘩，非常不适应英语语调的变化。汉语的语音负迁移造成学生语音学习的心理压力。英语语音初学习者由于心理原因，害怕犯错，害怕被嘲笑，或者因为一些习惯性的汉语语调的影响在英语语调学习中一时难以改正的习惯造成英语语调学习的障碍。在此情况下，学生容易表现懈怠的情绪和畏惧情绪。因此，教师应该首先帮助学生解决情感和心理因素造成的障碍。教师应鼓励学生，给予学生积极心态，使他们相信通过不断练习能够掌握正确的发音技巧。另外。笔者认为教师应身先士卒，主动模仿地道英语语调，引导学生开口。教师有纯正的英语语调发音，学生会心生敬佩、主动模仿。从而开始学习英语语调。这极大有利于提高学生英语口语的能力。

（二）积极学习英语语调理论知识

学生会模仿英语语调，并不意味着学生所说的英语语调都是地道的、正确的。由于缺乏英语语调理论知识，学生的语调可能会让听者啼笑皆非。英语语调的调式是一个句子的核心，不同语调的调式能够表达不同的意义。一般来说英语最基本的调式有三种：降调、升调、降升调。它们都用在固定的句式中，表达一定的含义。还有语调的核心因素，包括重音、句重音及它们的变化。另外，还有节奏、连续、强化、弱化、同化、异化，这些概念的学习都对学习者的语调训练有帮助。所以，带领学生学习英语语调的基本理论知识是非常必要的。只有掌握了正确的语调，在跨文化交际过程中才能避免误解，有利于跨文化交际的顺利进行。

（三）通过自觉模仿英语语调，克服母语习惯的影响

汉语是声调语言，英语是语调语言，二者截然不同。在二语习得过程中，母语直

接影响着二语习得。汉语是没有特别的语调特点的,而英语却恰恰相反。英语学习者常常将汉语的无波动的语调特点运用到英语语调中,造成英语语调不纯正。为了避免这种尴尬的局面,学习者应该自觉模仿英语语调,克服母语习惯。模仿在二语习得过程中是一个有力手段。通过长时间的模仿,形成正确的英语语音语调。

在模仿的过程中,一个好的模仿材料对形成地道英语语调是非常关键的。我们可以模仿 BBC、VOA 以及电影原声发音及语调。在模仿过程中体会不同语调带来的不同情感效果,进而学习和掌握地道的英语语调。在课余活动中,教师还可以积极开展相关英语语调模仿比赛,既丰富了课余生活,又达到了学习的目的。学生可以给英语电影或者电视配音,积极模仿,分析自己语调的不足之处。学生还可以听英文歌曲。这些都是提高学生英语语调的方法。另外,我们还需要长期坚持语调模仿,只有这样才能真正掌握一门语言口语,提高口语能力。

(四)注重语调综合训练,切勿简单化、孤立化

教师在具体的英语语调教学实践中应注重英语语调的综合训练,而不是单纯地进行简单化的和孤立化的操作。所谓综合训练就是指教师在语调教学中应该强调以句子为单位,在语流,即句子和语段中进行。在语调教学中,教师切勿只关注孤立的音素的学习。通过语段训练语音,可使学生体会到目的语语调表达意思的情感功能,进而学习和掌握地道的语调。经教学实验证明,这种方法进行英语语调教学的效果明显优于长时间孤立、简单的学习音素。

英汉语调各有不同,通过对比英汉语调,分析母语负迁移对英语语调学习的影响,有利于学习英语语调的特点,进而培养出良好的英语口语能力。英语学习者能够说出一口地道的英语。当然也有利于跨文化交际的顺利进行。

第五节　英语语调可视化教学研究

语调作为言语的一个重要因素,在学习英语中起着重要的作用,同时也是识别外国口音的一个重要因素。但是,如何充分感知语调,即音高的变化,是英语语调教学面临的一个难题。Cranen et al. 认为准确的语调难以教授、解释。即使对训练有素的专家而言,判断语调也是一项非常困难的事情。对于普通的学习外语者来说,他们在正确感知、生成语调方面存在很多问题。因此,可视化教学一直以来都是英语语音学界关注的焦点。本节将梳理 20 世纪 60 年代以来英语语调可视化教学研究,又指出这些研究存在的问题,并提出解决问题的对策,以期为今后英语语调教学提供参考。

一、英语语调可视化教学研究现状

（一）语调可视化教学的界定

较早且较明确给出语调可视化教学定义的是 de Bot & Mailfer。根据 de Bot & Mailfert 的定义，语调可视化教学可理解为通过电子设备提取言语信号中的基频曲线（F0）信息，之后将音高曲线绘制在屏幕上显示出来，从而使学习者获得视听觉方面的信息，再通过将他们的音高曲线同样本录音的音高曲线对比，让学习者发现并克服自己在语调方面存在的不足，进而提高语调水平的一种方法。随着计算机技术的发展，该定义中的"电子设备"可理解为各种可将人的声音转化为可视的音高曲线的软件。

（二）国外研究现状

可视化工具用作教学辅助的想法可追溯到 1879 年。Alexander Bell 设计了一种仪器，可以形象地呈现人的声音，目的在于通过提高耳聋者的语调水平，提高他们对言语的理解能力。20 世纪 60 年代，可视化工具用于二语语调的教学研究已开始进入研究者的视野。Vardanian 考察了基频提取仪在语音实验室作为教学辅助的可能性。自 20 世纪 80 年代始，语调可视化教学研究在国外广泛应用，涉及的二语有英语、法语、德语等，但英语占绝对比重。英语语调的可视化教学（以下简称"可视化教学"）研究主要围绕可视化工具在语调教学中的有效性展开，主要有 de Bot & Mailfert、de Bot、Weltens & de Bot、Cranen et al、Rocca、Taniguchi & Abberton、Hincks & Edlund、Gorjian et al、Hamlaoui & Bengrait 等。这些研究普遍证实，可视化教学对提高学习者的语调水平有着积极的作用。de Bot & Mailfert 在荷兰进行研究发现 45 分钟的语调感知训练使得荷兰学习英语者语调水平获得显著提升，又在法国进行了相同的实验，虽然学习者水平提升并不如荷兰学习英语者明显，但进一步证实了上述结论。Hincks & Edlund 考察了可视化教学在巴西学习英语者语调教学中的使用情况。他通过前测和后测的对比，发现长达 10 周的可视化教学训练，使学习者在英语语调习得方面获得了极大进步。Gorjian et al. 探究了 Praat 软件帮助学习者习得英语语言韵律特征的有效性。该研究发现利用可视化的方法练习重音和语调比传统方法更加成功。

然而，由于有些研究受某些客观因素的影响，可视化教学的效果并不明显，但也从另一个侧面反映出可视化教学对学习语调者的积极意义。Vardanian 的研究发现，基频提取仪作为一种教学辅助工具不起积极作用，甚至可能对受试者起到干扰作用。但他还是认为这一结果同受试者样本少和训练周期短有关。此外，他还发现可视化教学使得受试者开始关注他们自身的语调问题。Stenson et al. 将言语观察仪用于国际留学生教学助理（ITAs）训练项目，以考察发音教学中计算机辅助的价值。研究结果表明，实验组和控制组之间不存在显著性差异，认为这一结果与实验组受试者训练时间短和缺乏有效指导有关。总之，来自受试者和指导者的主观评价肯定了可视化教学在调动学习者积极性方面的价值。

（三）国内研究现状

国内对英语语调可视化教学的研究较少，主要集中在近 10 年。笔者对国内期刊进行了细致查询，找到 8 篇相关的学术论文，但多为评介文章。沙国泉、庄木齐、卜友红、蒋红柳、沈赫、周卫京等学者讨论了将可视化工具应用于语调教学的可行性。可视化教学的实证论文仅有 2 篇，均为国内会议论文。杨晋报告了一项利用 Praat 软件帮助学习语调者的实验研究。张燕、王海啸从重音和调型两个方面比较了中国学习英语者使用两种方法的语调训练效果。这两项研究均证实了可视化工具对学习语调者的有效性。

综上，国内外研究聚焦于可视化教学有效性的探讨和研究。虽然这些研究均证实可视化教学是一种行之有效教学、学习语调的方法，但是他们对"语调水平"的理解过于片面，有待进一步研究。

三、存在的问题

（一）音高曲线分析不全面

以往的研究中，实验前/中培训内容侧重音高曲线的变化，目的在于教授学生生成给人印象深刻的语调。de Bot & Mailfert 提到了语调四方面的内容：音高变化的方向、范围、速度和位置。张燕、王海啸探讨了如何利用听辨及音高曲拱判断调型的走势和重音的分布。Hamlaoui & Hengrait 虽未提供任何内容，但学习软件 Better Accent Tutor 本身标注了音高变化、音强等方面的信息。但是，这些研究对音高曲线的分析过于简单，不能有效表达说话者传递的信息，从而导致说话者之间沟通的不畅。

（二）语调意义处理不恰当

以往的研究很少关注可视化教学中的语调意义。本节对国内外期刊进行了细致查询，但仅找到两篇与之相关的学术论文。Stibbard 报告了一项在香港高校开展的有关自主学习的试点项目。在这一研究中，他将英语语调理论同可视化教学相结合。他在文章中简要介绍了 Brazil 的话语语调理论，并举例讲解了这一理论在语调可视化教学中的应用。Levis & Pickering 认为传统句子层面教学语调的方法已无法满足教师和学习者的需要，还应学习语调选择和交际意义之间的关系。他依据 Brazil 的话语语调理论，对 4 名英语本族语者孤立句子层面和话语层面相同句子的语调进行了研究，论述了可视化工具在话语层面进行语调意义教学的重要性。虽然 Stibbard 和 Levis & Pickering 将 Brazil 的英语语调理论引入可视化教学，但由于这一语调理论存在较大争议，难以将其应用于实际语调教学。Brazil 语调理论存在的主要问题如下：

1. 前附着音段的地位处理不当

Brazil 认为语调单位，即调群为语调分析的基础。他将一个调群分作三部分：前附着音段、音调音段和后附着音段，其中前附着音段和后附着音段为可选音段，音调音段为必选音段且承载语调意义。这一表述似乎直接否定了 Kingdon，O'Connor & Arnold 等对调冠（前附着音段）作用的研究。

2. 调群边界界定不明确

Brazil 过于强调音调音段的作用，认为调群边界不重要，因此对调群边界的表述较为含糊，也就是一个调群结束于音调音节（tonic syllable）和后一调群起始音节（onset syllable）之间。根据这一见解，调群边界之间的选择看起来是任意的，进而影响意义的表达。

3. 主要音调两分的观点概括不够全面

Brazil 区分了五种音调类型：降调、升调、降升调、升降调和平调。其中降调和升降调被称作陈述调（proclaiming tone），降升调和升调被称作共指调（referring tone）。对于 Brazil 主要音调为二分的观点，因而许多学者提出批评。Yamato 曾引用 Couper-Kuhlen 的观点认为，这一系统虽然简洁，但不足以描述复杂的语调现象。

由此可知，以往的研究没有充分剖析音高曲线，如语调结构和音调类型，也没有合理处理语调意义，因而可视化教学的实际效果有待进一步考证。

四、解决问题的对策

从根本上讲，上述问题可归为可视化教学中缺乏有效的英语语调理论。针对这一情况，本节将通过梳理相关文献，找出有效且适合中国学习英语者的语调理论。

（一）英语语调理论的选择

陈虎回顾了百年来英语语调研究，归纳了英语语调研究主要流派的方法、特点，并比较了它们的异同。他以研究方式为切入点，将英语语调研究分为三类：构形、音高音位和自主音段-节律。相对于音高音位和自主音段-节律，他总结了构形方式"对语调的描写比较直观，转写一致性高，同时也适合应用于语调教学"。根据侧重点不同，构形方式可进一步分为三小类：音调分析、曲调分析和核心调分析。其中核心调分析"体现了音调分析和曲调分析的结合，兼顾了语调的整体与部分描写"。因此，以核心调分析为主的语调理论更适合应用于语调教学。以核心调分析为主的语调理论大体可归为两类：其一侧重理论层面（Crystal；Cruttenden）；其二侧重教学层面。本节在对比这些语调理论之后发现，Wells（2006）的语调理论更系统、全面，更适合应用于语调教学。

（二）Wells 语调理论概述

Wells 深受 O'Connor 和 Halliday 语调思想的影响，后来受 Tench 语调理论的启发，并借鉴 Kingdon、Crystal、Cruttenden 等语调研究成果，在自身教学经验和培训经验（多次担任 IPA 英语语音证书考试的培训官）的基础上，提出了一套兼具理论性和实践性的语调理论。正如蒋红柳指出，Wells"通过继承和发展前辈们的理论和研究成果，结合语调研究的各家之长，将英国传统英语语调理论体系进行总结和完善，提出一套既富有学术品味，又非常通俗易懂的研究和学习英语语调的方法"。同时，这一理论也被国内学者用来分析中国英语学习者的语调问题。其语调理论可概括如下：

1. 基本音调类型

他认为英国传统语调研究中某些音调的意义存在某种程度上的共性，因此将英语核心调区分为三种类型：降调、升调和降升调，并详细讨论了这些音调的调阶（高、中、低三分），以便帮助学习者识别并生成这些音调。之后，他用了21个小节（2.5-2.25）分析了这些音调在不同句型中的使用情况，并辅以大量实例和配套练习。最后从音调和句式的角度，对音调意义进行了总结。

2. 调核位置

说话者通过重读某些单词的重读音节，达到传达信息的目的，而调核是一个IP最重要的重读，表明该材料焦点部分的结束，同时也是一个IP不可缺少的部分。Wells从七个方面探讨了调核可能出现的位置，内容占到本书正文的1/3以上，涉及34个小节。

3. 调群切分

说话者首先要把口语材料划分成不同的组块，这些组块被视为语调短语（IP）。每一个语调短语有着自己的语调模式。Wells这部分的安排虽然篇幅较小，但详细分析了调群切分同句法成分之间的关系。

4. 调核前音调类型和基本音调变体类型

他把一个IP分为四个部分：调冠、调头、调核和调尾。其中：调冠和调头属于调核前部分，确定了两类调冠（高和低）和两类调头（简单调头和复杂调头），并对其音高变化、音调意义、应用范围进行了分析。

他将核心调分为基本音调和基本音调变体。基本音调具有组织信息和交际功能，音调变体具有表达态度的功能。他又从音高变化、句式和音调意义三个方面对基本音调变体进行了研究。

本研究发现可视化教学是一种有效提升学习英语者语调水平的方法，但是以往研究对"语调水平"的理解过于片面。本节通过梳理相关文献，认为Wells的语调理论更适合应用于可视化教学。

Wells英语语调理论的引入，丰富了可视化教学的内容。一是有助于增强学习者的语调意识；二是有助于不同学习背景、不同英语水平的学习者提高英语语调水平；三是适用于各种学习材料，如日常对话、朗读、演讲等；四是对今后的英语语调教学或学习软件开发具有一定的参考价值。

第六节 "英语语音"课程中的语调教学

语调教学是"英语语音"课程教学中的重中之重,因为语言的最终目的是交流,而交流中语调的抑扬顿挫又能够表达说话者各种不同的情感和心理情绪。由此可见,正确运用语调表达情绪是非常重要的交流手段。那么,如何有效进行英语语调教学呢?本节主要从英语语调的基本知识和英语语调的教学法两个方面探讨英语语调教学。

一、英语语调的基本知识

英语有两个基本语调:升调和降调。在一个句子中,升调或者降调表现在最后一个重读的音节上,其末尾语调上升的叫升调↗,下降的叫降调↘。一个单词有升调和降调两种读法;一个句子,根据不同的句型和表达者的情绪,也有升调和降调之分。大体而言,简单句的语调,要么是升调,要么是降调;而复杂句的语调,往往是升降调的组合。以下是几种不同的简单句的语调:

1. 陈述句的语调:降调↘。
2. 一般疑问句及其回答:一般疑问句用升调↗,回答用降调↘。
3. 特殊疑问句:降调↘。
4. 祈使句的语调:
①表示命令,用降调↘。例如:
Hurry up!Stop talking!
②表示请求、关心或者道歉,用升调↗。
5. 选择疑问句:前面的选项用升调↗,最后一个选项用降调↘,连接词 or 用平调。回答用降调↘。例如:
——Would you like coffee or tea?——I'd like tea.
6. 反义疑问句:前一部分用降调↘;后一部分分为以下两种情况:
①提问者对所提问题没有把握,希望得到对方的回答时,用升调↗。例如:
He is from America, isn't he?
②提问者对所提问题有很大的把握,让对方证实时,用降调↘。例如:
He is from America, isn't he?
7. 感叹句:用降调↘。例如:
What a nice day!How cool!

以上是几种必须掌握的简单句句型的英语语调;而复杂句的语调即在简单句语调的基础上组合而成。例如,下面这个句子:She asked:"Do you like this one or that one?"

这是一个由陈述句、一般疑问句和选择疑问句组成的句子。根据前面介绍的简单句的语调知识可以知道：陈述句用降调；一般疑问句用升调；在选择疑问句中，前面的选项用升调，最后一个选项用降调，or 用平调。

当然，在口语表达时，说话者会依据不同的心理情绪和情感情绪，语调的变化相应非常灵活，并不仅仅限于以上列出的几种。这就需要在实践中练习和使用，运用正确的语调，表达出真实的情绪。

二、英语语调教学法初探

在探讨英语语调教学法时，笔者把它放在大学英语专业教学这个领域之中，因此其教学方法具备大学课程教学法的一般性；由于英语语调的特殊性和复杂性，其教学方法也就具有独立性和特别之处。笔者主要探讨以下三种教学法，以期对英语语音教学有所帮助。

系统讲授法。系统讲授法是教师运用语言向学生系统而连贯地传授科学文化知识的方法，也是目前大学中最常用的一种教学方法。这种教学法最大的优点是用较短的时间传递丰富的知识，容量大、效率高。在使用系统讲授法时，教师应该做到以下几点：讲解内容充实、系统；语言清晰流畅；讲解思路清晰。教师在进行主体内容讲解时，可以结合"以原理为中心的教学方法"和"以问题为中心的教学法"这两种方式。前者：先告诉学生要讲的内容，再说明这些内容；后者：首先从对学生有意义的问题出发，然后讲课者把导致产生结论的证据和实例组合在一起，以便使学生发现解决问题的办法。

以英语语调教学为例。教师在进行英语语调教学时应该首先明确自己要讲的具体内容是语调，并将本课内容告知学生；其次，在正式开始讲解之前，教师可以运用"以问题为中心的教学法"，先引入一些例子引起学生的兴趣，然后进行具体的讲解。因为英语语调在人们的日常生活中常常被不自觉地运用，所以教师可以先举几个例子说明这一情况。比如，在"How beautiful!"这个句型中，教师可以先提问学生说这句话时会使用怎样的语调，让学生试着说出来。之后，学生可以感觉到，在说话者表达"惊叹"这一情绪时，通常会加重语气，因此本句使用降调↘。

再如，教师给出"Come with me tomorrow！"这个句型。一般意义上，这是一个祈使句，教师可以设置两个不同的情绪，把学生带入语调的问题中。首先，教师提问："如果是强硬的命令语气，应该怎么说这句话？"之后，学生带着教师提出的问题思考，可以得出此种情绪之下，"Come with me tomorrow!"这句话应该使用降调↘。

在教师举完例子之后，学生对英语语调的知识会有大致的了解。这时教师应该使用"以原理为中心的教学方法"，分门别类地对英语语调内容进行系统和详细的讲解（讲解内容参考本节第一部分）。

系统讲授法通常由导论、主体和结论三个部分组成。因此，在讲解的最后，教师要对所讲内容进行总结，以期学生全面理解并掌握所学知识。

跟读教学法。在语言学习的过程中，模仿是非常重要的一个环节。英语学习者可以通过广播、网络等有声媒介模仿标准的语调。在长期坚持不懈地模仿练习之后，学习者的语调会有不同程度的提高。跟读法教学是语言类学科非常重要的教学方法之一。

在英语语调教学的任何阶段，教师都可以要求学生跟着教师、录音或者电影电视资料进行跟读；同时，跟读的内容由少到多，跟读的速度由慢到快。在课程的最初阶段，教师可以让学生跟读一些较短的句子，初步体会语调的抑扬顿挫；在课程的进行过程中或者后期，教师可以指导学生跟读一些内容丰富、篇幅较长的散文或者诗歌，以此让学生对英语语调在表情达意方面有更加深刻的理解。

比如，教师在播放诗歌朗读录音时，先让学生听一遍整首诗歌的语调；接着一句一句地播放，让学生一句一句地跟读，感受英语语调的升起与降下，感受语调的变化带来的情感的抒发；最后，完整播放这首诗歌，让学生跟读，使学生全面掌握英语语调，并且正确地抒发感情。

扮演角色法。扮演角色法是学生在教师的指导下扮演某一角色，模拟他们的各种活动，并表达他们的意图的教学方法。这一教学法在英语语调教学上是非常重要的。语言的最终目的是交流，而交流中各种情感和情绪的抒发是靠语调实现的。因此，正确掌握交流过程中的语调非常必要。那么，用角色扮演法进行语调教学，使学生有身临其境的感觉，让学生根据不同的情境创设自如地运用语调表情达意，抒发情绪和情感，从而在实践中更好地掌握英语语调的知识，正确地表达。

举个例子，教师可以在课堂上设置购物或者点餐的场景，让学生进行角色扮演。在扮演相关角色并进行表演的过程中，学生既能练习到与该情境有关的句型，又能在语调的变换中把握正确的情绪信息。在不断的练习中丰富学生对英语语调的认识，以期学生的英语口语表达能力得到更大的提升。

英语语调是"英语语音"课程中非常重要的一个部分，它直接关系到语言交流的成败。因此，学习者必须掌握正确的语调表达。教师在讲授语调问题时，要做到既全面又具体，这就要求教师掌握多样的教学方法，帮助学生提升语调的运用能力，并进一步提高学生的英语口语水平。

参考文献

[1] 蔡宝来，张诗雅，杨伊. MOOC与翻转课堂：概念、基本特征及设计策略 [J]. 教育研究，2015，36（11）：82-90.

[2] 哈格德. MOOC正在成熟 [J]. 王保华，何欣蕾，译. 教育研究，2014，35（5）：92-99，112.

[3] 吴春梅. 试析互动模式在高中英语教学中的应用 [J]. 中学课程辅导（教学研究），2013，7（26）：97.

[4] 左滢. ACTIVE教学模式在高中英语读写结合课中的实践研究：以Schoollife教学为例 [J]. 英语教师，2017，17（4）：141-143+154.

[5] 刘小琴. 应用型本科大学"英语语言学"教学存在的问题与对策 [J]. 英语教师，2018，18（7）：56-58.

[6] 杜开群. 关于大学英语语言学教学问题及对策分析 [J]. 山东农业工程学院学报，2017，34（2）：5-6.

[7] 郑雨. 大学英语教学中模糊语言学的语用意义分析 [J]. 西部素质教育，2015，1（6）：46.

[8] 黄琼慧. 商务英语语言学的理论体系研究 [J]. 开封教育学院学报，2016，36（2）：68-69.

[9] 翁凤翔. 商务英语学科理论体系架构思考 [J]. 中国外语，2009，6（4）：12-17+30.

[10] 平君. 基于应用语言学的大学英语教学模式改革研究 [J]. 吉林省教育学院学报，2018，34（8）：75-77.

[11] 杨雪. 浅谈英语教学中应用语言学的有效应用 [J]. 教育现代化，2018，5（11）：185-186.

[12] 张丽莹，于江. 论《他们眼望上苍》中赫斯顿的"协合" [J]. 湖南医科大学学报（社会科学版），2008，10（6）：141-144.

[13] 姚伊忱. 高中英语阅读教学中文化渗透的教学设计案例分析 [D]. 天津师范大学，2015.

[14] 张岩. 文化背景知识对高中英语阅读教学的影响调查 [D]. 哈尔滨师范大学，2013.

[15] 杨柳. 运用抛锚式教学策略提高高中生阅读技能 [D]. 上海师范大学，2014.

[16] 赵敏仓. 新课程改革下高中英语课堂有效教学策略的研究 [D]. 重庆师范大学，2012.

[17] 付野. 初中英语阅读教学中存在的主要问题及对策研究 [D]. 东北师范大学，2015.

[18] 贾丽. 图式理论应用于高中英语阅读教学中的实证研究 [D]. 宁夏师范学院，2017.

[19] 周梦凉. 导入在高中英语阅读课堂的应用 [D]. 上海师范大学，2012.

[20] 张莹莹. 互动式教学在高中英语阅读教学中的应用研究 [D]. 宁夏大学，2014.

[21] 教育部. 普通高中英语课程标准（实验）[M]. 北京：人民教育出版社，2003.

[22] 教育部. 教育心理学考试大纲 [M]. 北京：北京师范大学出版社，2002.

[23] 鲁子问，康淑敏. 英语教学设计 [M]. 上海：华东师范大学出版社，2010.

[24] 刘建华. 中学英语创新教法：素质教育训练方案 [M]. 北京：学苑出版社，1999.

[25] 陈洪庆，智慧型老师参与式教学活动的设计与实施 [M]. 北京：北京燕山出版社，2010.

[26] 蓝纯. 认知语言学与隐喻研究 [M]. 北京：外语教学与研究出版社，2005.

[27] 赵艳芳. 认知语言学概论 [M]. 上海：上海外语教育出版社，2001.